삼국지톡

문학동네

조조(字 맹덕)
다소 냉혹하지만 나름의 정의를 품고, 국가의 적폐와 비리를 뿌리 뽑고자 한다.

원소(字 본초)
자신의 원대한 야망을 이루기 위해 조조를 필요로 한다. 회유와 언론 플레이에 능하다.

동탁(字 중영)
유비의 스승 노식이 끌려간 뒤 중랑장이 되었다. 원소의 대의에 힘을 보태고자 한다.

여포(字 봉선)
엄청난 전투력을 지닌 사내. 단순하고 무자비한 성격.

하진(字 수고)
황제의 삼촌, 황제의 어머니이자 前황후인 하태후의 오빠. 원소와 뜻을 함께하고자 한다.

원술(字 공로)
대명문가 원씨 집안 2세. 조조와 원소를 천한 출신이라며 굉장히 싫어한다.

차례

「십상시의 난」

一. 지렁이도 밟으면	6
二. 살아야 해	15
三. 원소의 사냥개들	23
四. 목숨을 건 쇼	31
五. 공손한 공손찬씨	40
六. 약한 건 죄야	47
七. 원 플러스 원	56
八. 유비의 선택	65
九. 한 점 부끄럼 없이	76
十. 개판 5분 전	84
十一. 불타는 마을	93
十二. 하진의 죽음	102
十三. 왕자의 난	112
十四. 광기와 분노	124
十五. 충신, 조조	136
十六. 무엇이든 베는 칼	148
十七. 비겁한 탈출	158
十八. 빠져나갈 구멍	168
十九. 의좋은 형제	178
二十. 동탁의 흉계	188
二十一. 이게 아닌데	198
二十二. 동탁의 사냥 방식	206
二十三. 인중여포 마중적토	218
二十四. 여포와 적토마	229
二十五. 배신자 여포	238
二十六. 황제? 갈아!	247
二十七. 칼집에 숨은 칼	258
二十八. 반격의 신호탄	266

*십상시 : 황제를 등에 업고 부정부패를 일삼던 비선실세 환관(내시) 무리들.

새 황제 엄마
하태후

여… 열심히! 백성들을… 보살피겠다.

황궁 웃어른
동태후

만세를 누리소서.

그래! 첫날인데. 좀 긴장하신들 어떠랴?

드디어

난세가 막을 내렸다.

오늘은 알람 전부 끄고 자야지.

오전 01:00	취침
오전 03:00	일어나
오전 03:05	일어나라
오전 03:10	출근해
오전 03:15	야
오전 03:20	또자면 십상시

10년 만의 단잠이군…

십상시가 풀려났어.

"십상시를 배신하고도"

"이 황궁에서 살아남을 수 있을 것 같아?!"

십상시 장양

십상시 장양

아이고~ 황후마마~
아니지~ 이제 태후마마네~

죽기전에~ㅜ.ㅜ
마지막 인사나~드리라고요~

십상시 장양

ㅋㅋㅋㅋㅋㅋㅋ

저희한테~ 비밀친구가 많아요~

즉위식 중계 잘 봤습니다~
아드님 잘생겼다~

[속보] 황궁에서 의문의
살인사건 "이럴수가"
http://www.news...

어이쿠야 기사 잘못보냈네~~

[핫이슈]16살 황제즉위
하태후 "아들,자랑스러워"
http://www.news...

三.

원소의 사냥개들

내 시나리오가 궁금해?

제목은… "황궁을 치다"

영웅들이 군사와 사냥개들을 끌고 가서 십상시를 벌하는 거야.

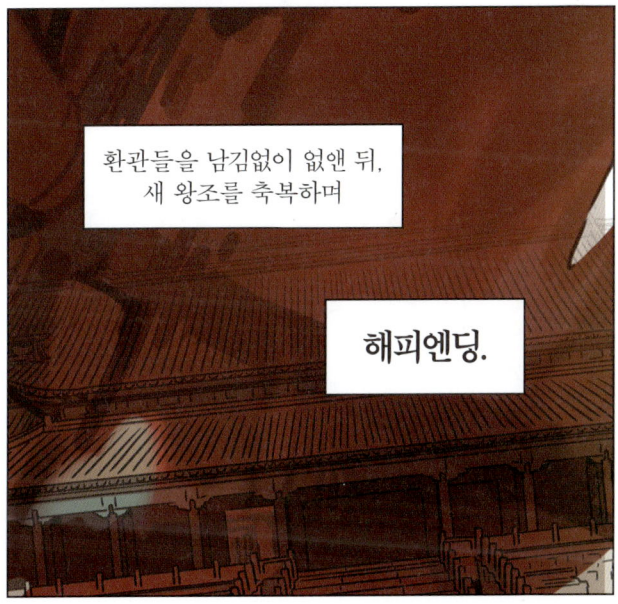

환관들을 남김없이 없앤 뒤, 새 왕조를 축복하며

해피엔딩.

시시한가?
위기도 반전도 없어서(웃음).

십상시OUT*
사이다ㅠㅠㅠㅠㅠㅠ
50분 전

밝은미래**
더러운 환관들ㅋㅋ 꼴좋다
32분 전

본초따까리**
프린스가 나라를 구한다ㅠㅠ
16분 전

어때, 아만ㅎ?

*원소가 조조보다 나이가 많다.

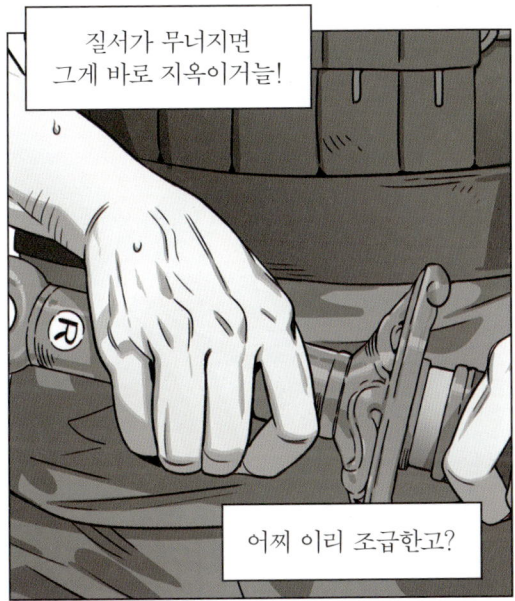

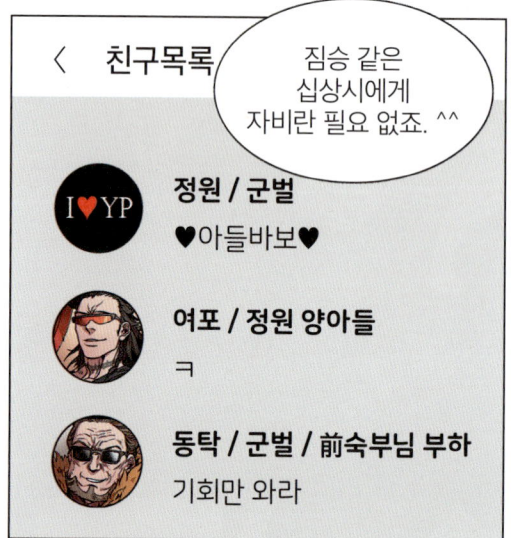
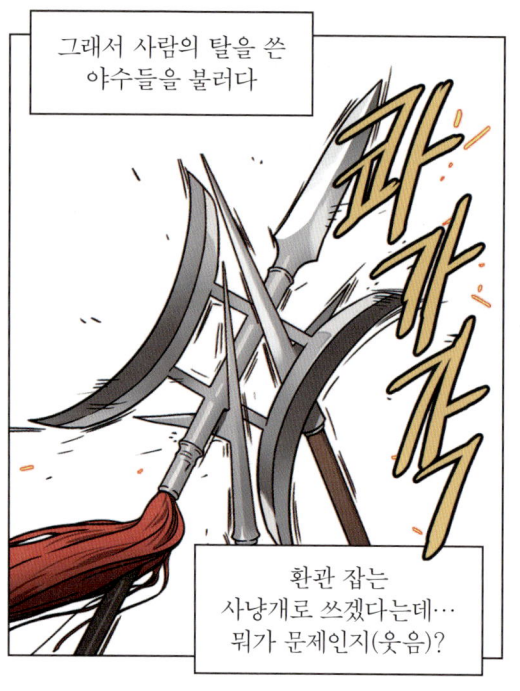

*원소의 숙부인 원외가 젊은 동탁을 한참 아랫사람으로 부린 적이 있다고.

四.   목숨을 건 쇼

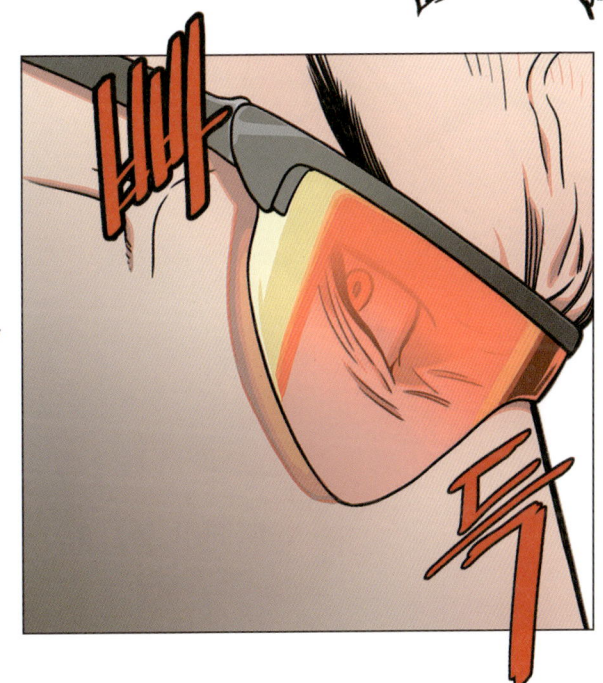

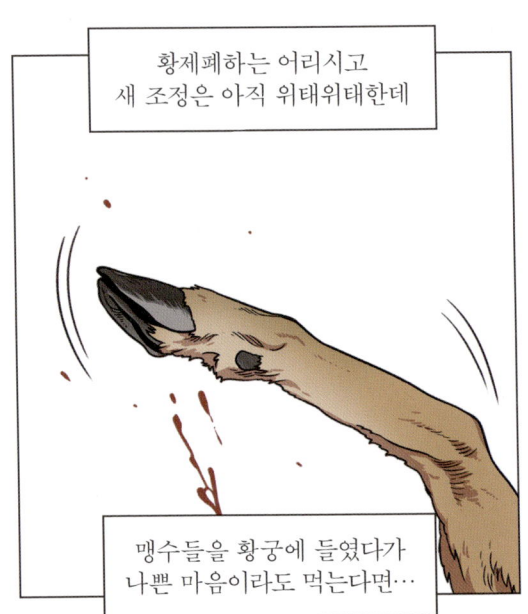

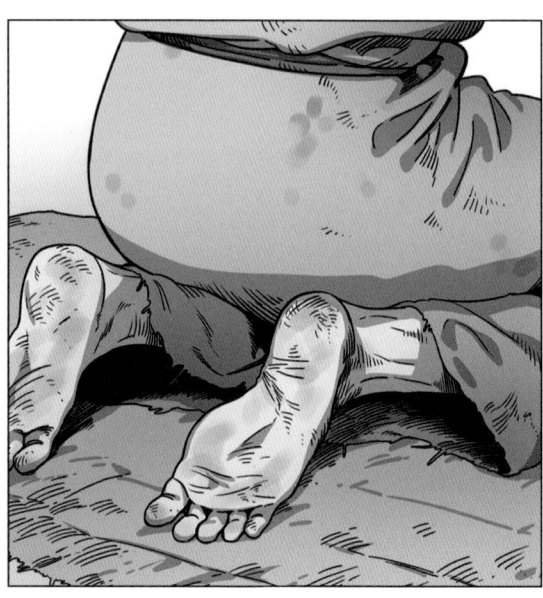
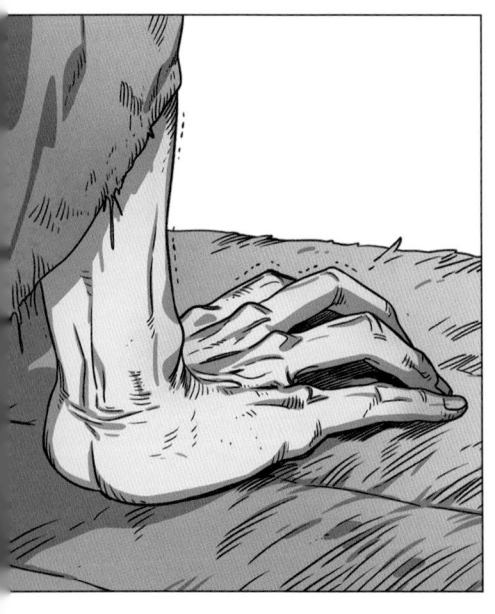

五.   공손한 공손찬씨

*유비. 뇌물 요구하며 백성 괴롭히던 독우를 두들겨 패다. 그 죄로 쫓기는 몸 되다.

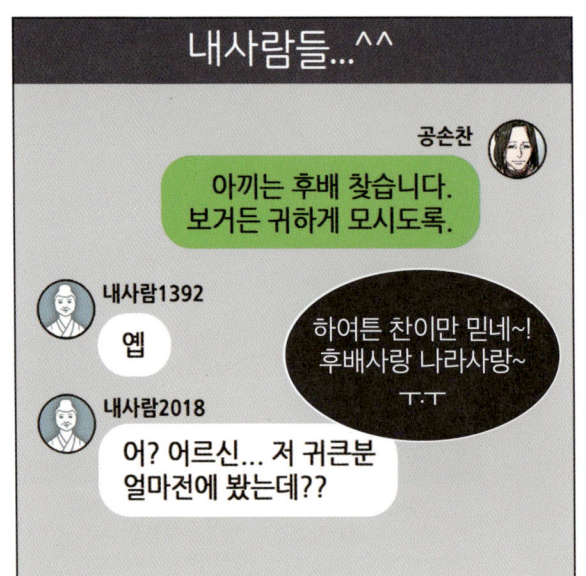

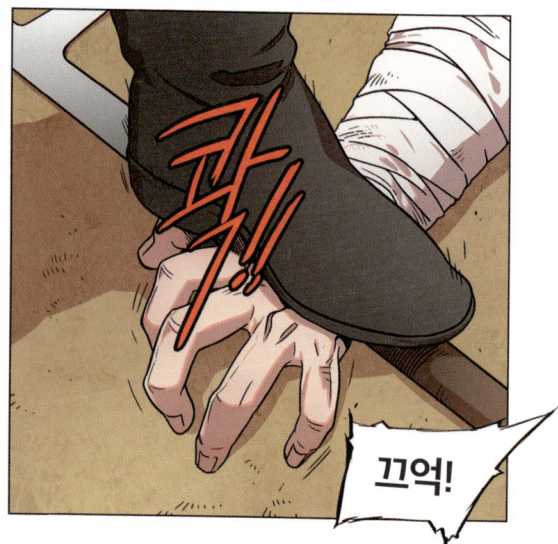

*〈정사〉 공손찬, 적들을 무자비하게 학살하다.

*공손찬의 자字 백규의 '백伯'.

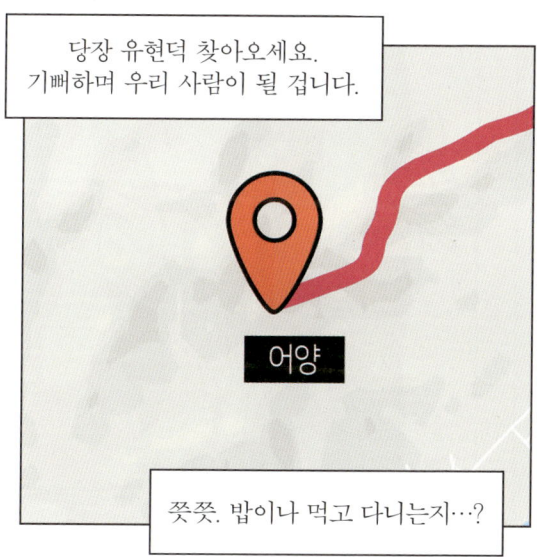

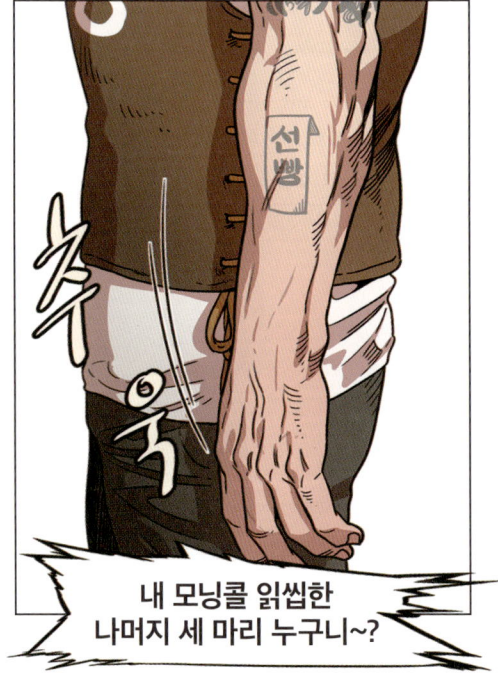

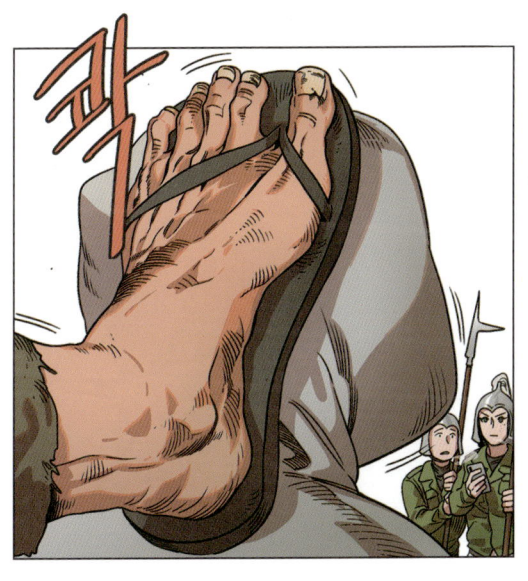

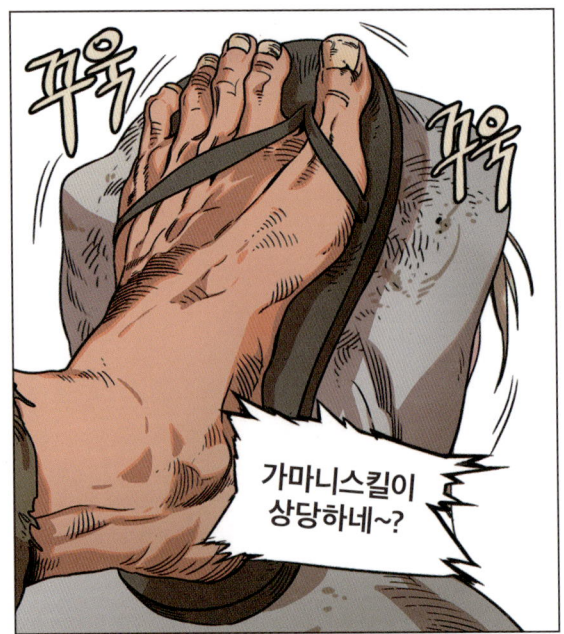

*황제 유변의 숙부 하진, 죄수들을 모아 병력으로 쓰다.

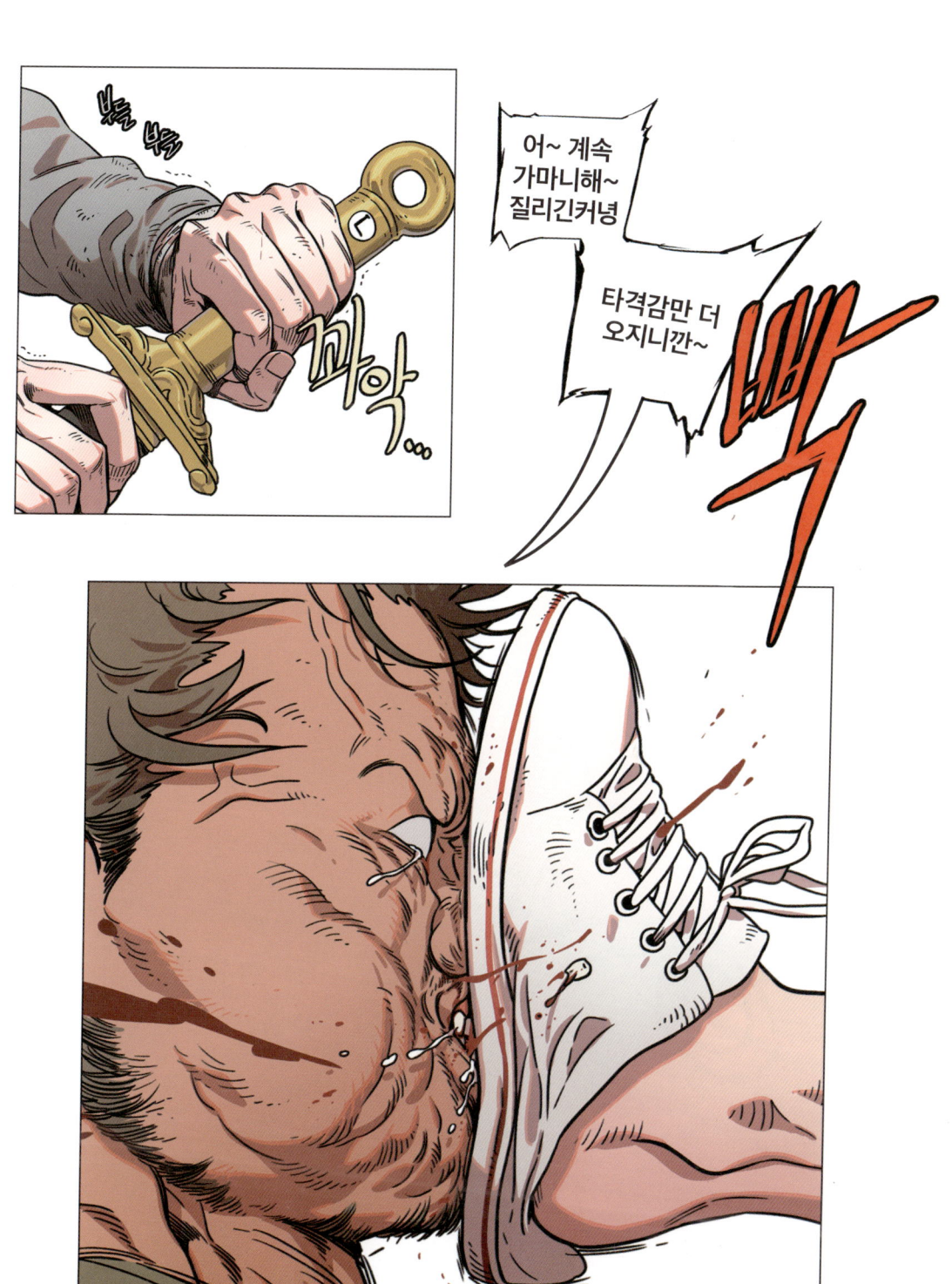

*유비, 탐관오리 독우를 때렸다가 쫓기는 몸 되다.

우리가 살길은…

내가 스크랩한 뉴스 ⭐

뉴스
[사회] 하진 대장군, "전과범들 환영해"

들끓는 도적, 반란군 막고자
"역적 잡아 공 세우면 무죄"

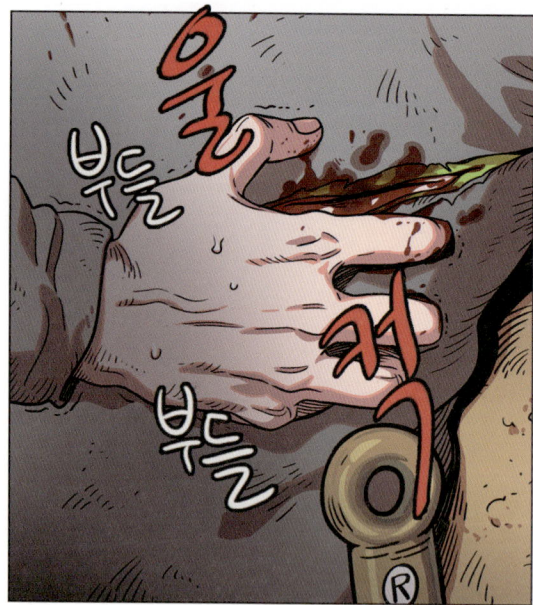

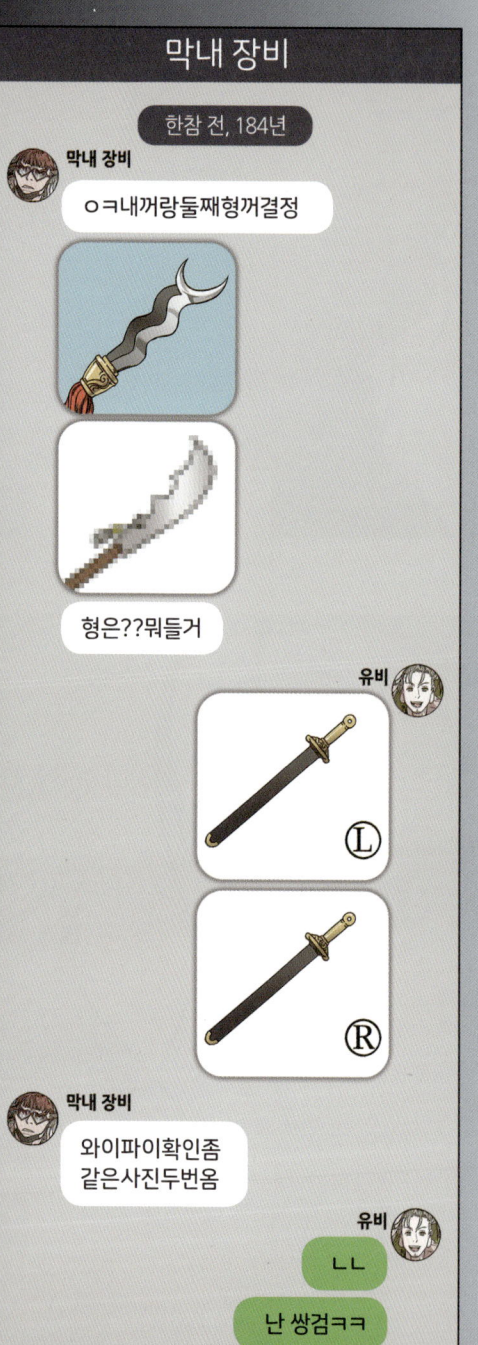

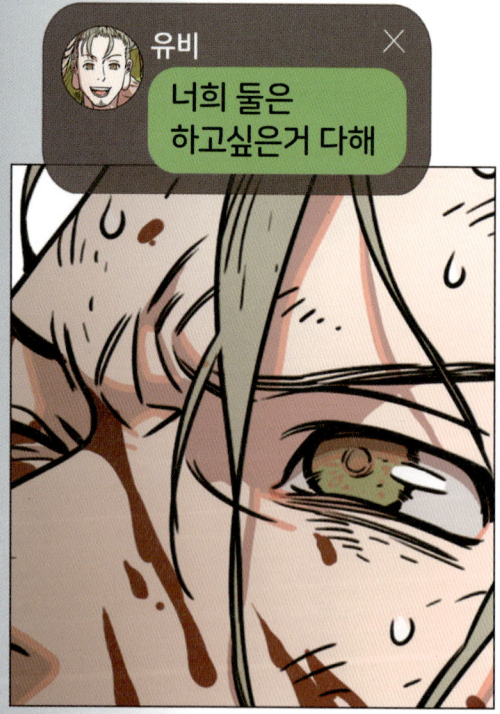

삼국지톡

八. 　　　　　　　　　　　　　　　　　　　유비의 선택

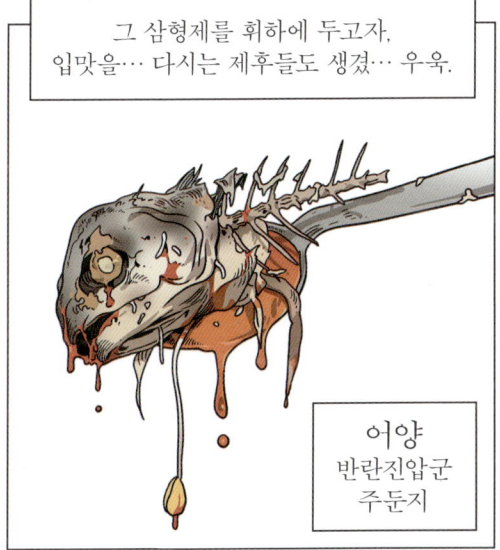

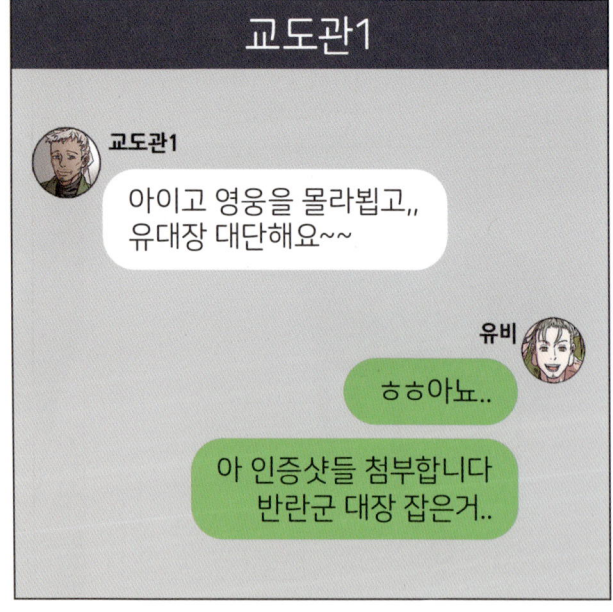

*후한 군인들 처우는 엉망이었다. 재정난도 심했고, 군량미 횡령도 빈번했다고.

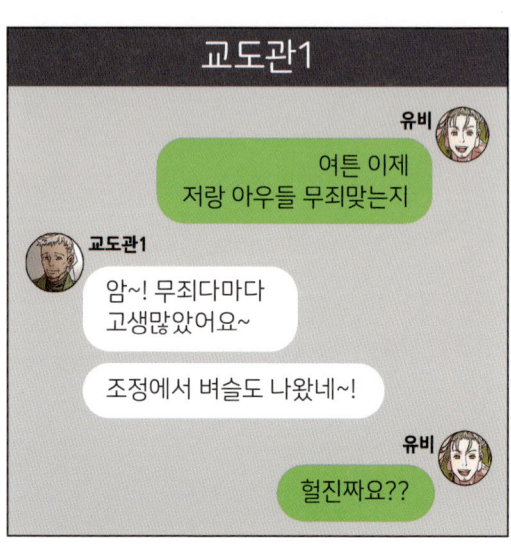

*유비, 공을 세워 현승, 현위직을 제의받다.

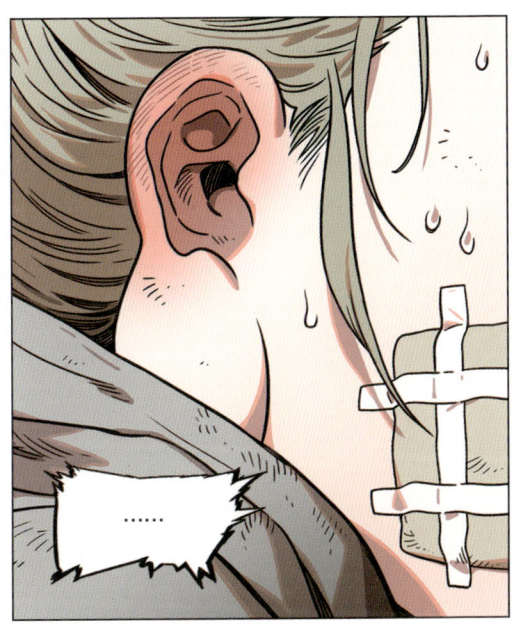

*유비와 공손찬은 같은 스승 밑에서 공부했다.

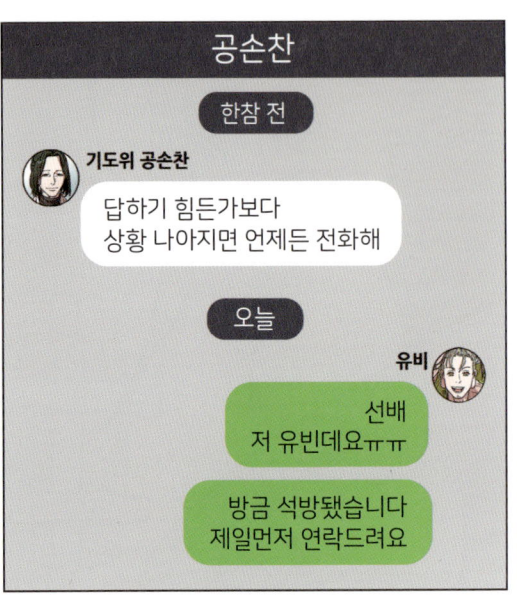

삼국지톡

九.   한 점 부끄럼 없이

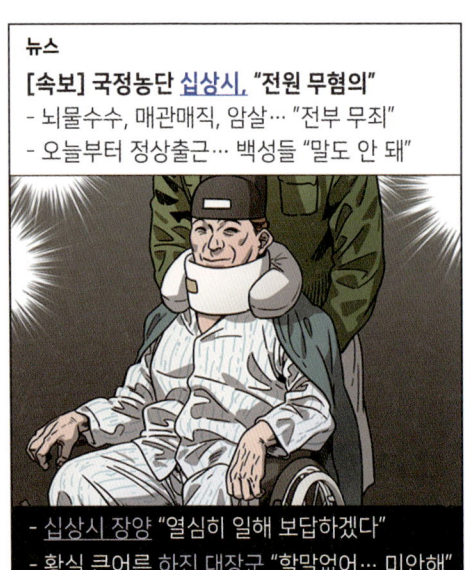

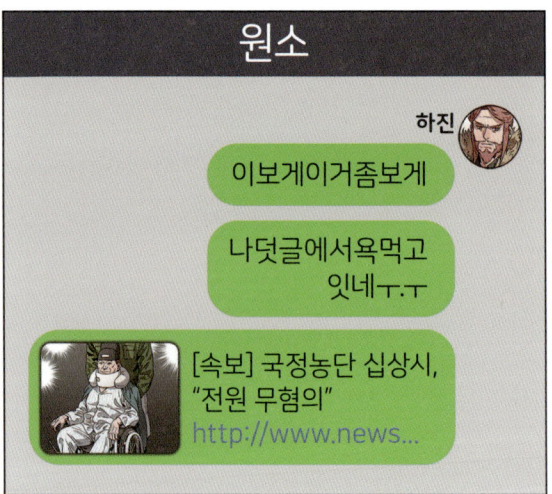

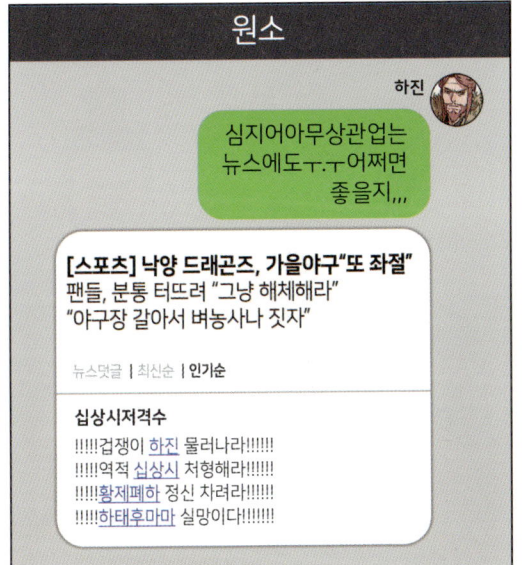
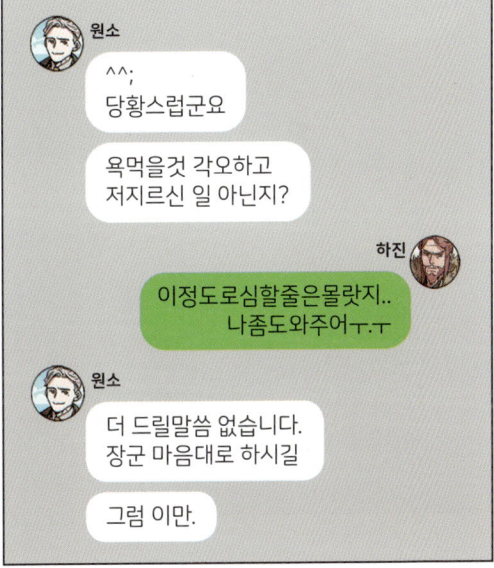

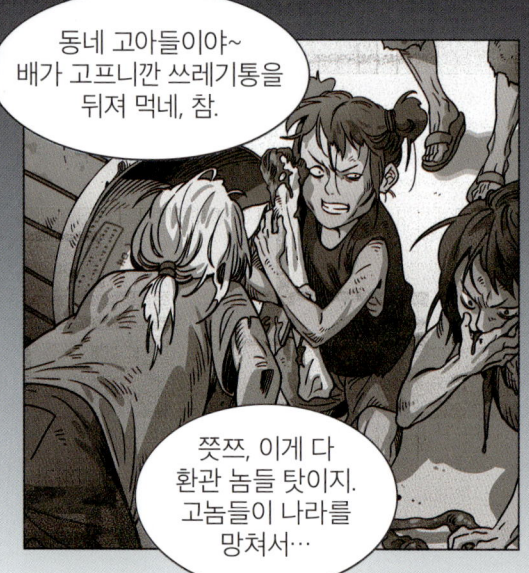

*하진, 하태후 남매는 십상시 덕분에 황궁에 들어왔다.

*수고遂高 : 하진의 자字. 높은 뜻을 이루다.

오냐.
네 옛날옛날
운운하니
내 왕년 칼솜씨
뽐내보마.

오랜만에
늙은 짐승
모가지 좀
따보자!

十. 　　　　　　　　　　　　　　　개판 5분 전

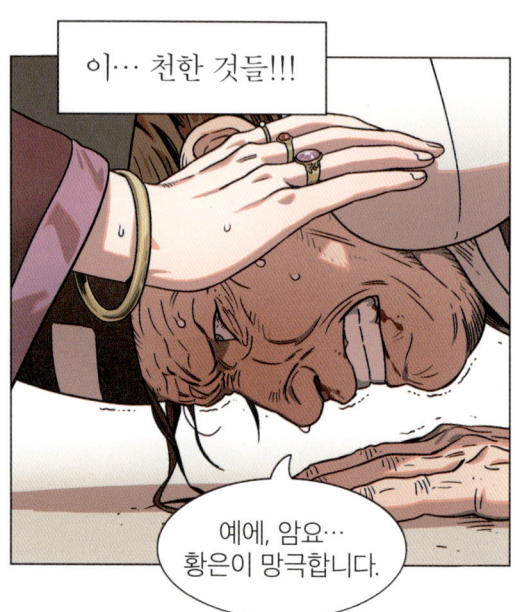

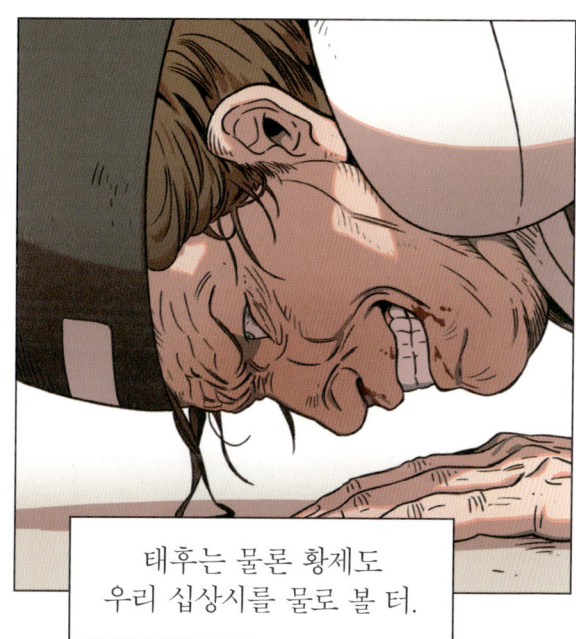

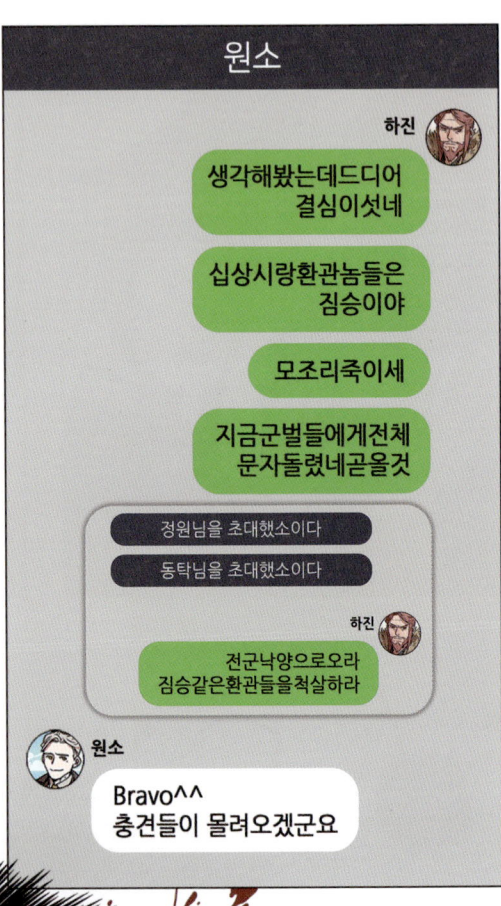

불타는 마을

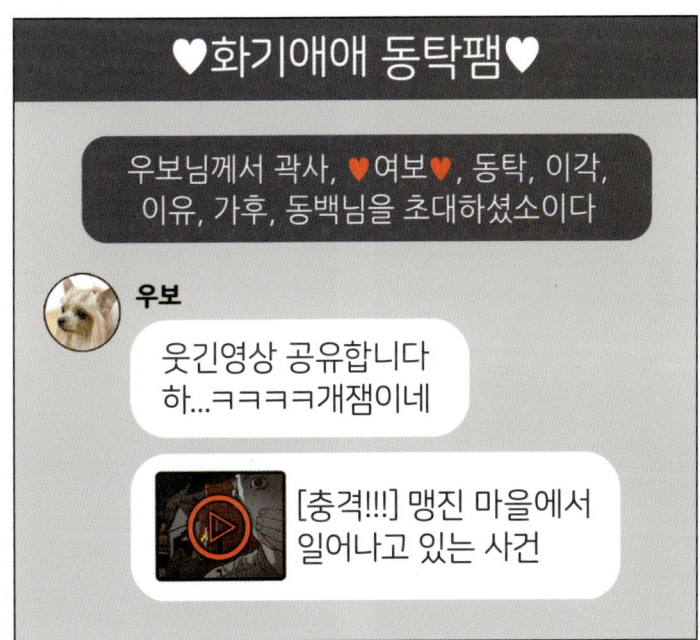

*동탁의 사위 겸 책사(우보, 이유), 동탁의 딸(♥여보♥), 동탁과 우보의 책사(가후), 동탁의 손녀(동백).

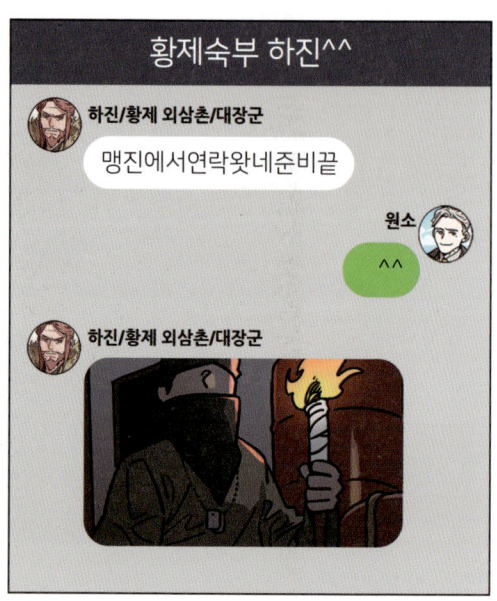

*맹진 : 수도 낙양 근처 지역. 맹진항.
**도적들의 기세가 너무 대단해, 이전 황제 시절 벼슬을 주거나 사면령을 내려 달랬다.

*원소와 하진, 군사들을 도적으로 꾸며 맹진에 불지르다. 십상시와 환관들에게 죄 뒤집어씌우다.

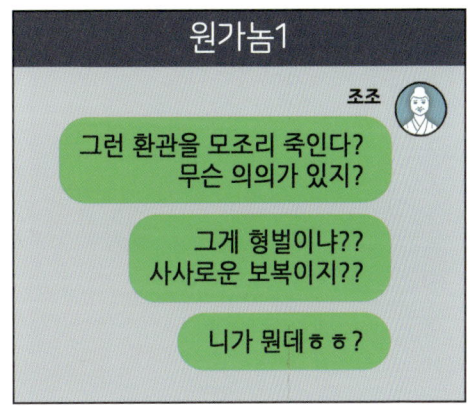

*원소, 십상시는 물론 모든 환관을 죽이고자 하다.
**환관으로 만드는 시술 중 감염이나 쇼크로 대다수가 사망했다고.

十二.   하진의 죽음

[LIVE🔴] "십상시를 죽여라" 백성들 폭발

[속보] 하진 대장군, 황궁앞 군사배치 "십상시 체포직전"

[속보] 정원, 동탁… 군대 이끌고 낙양포위

관련기사
"십상시 죽이자" 공포분위기 조성
하진, 프린스 원소 "환관들, 양심 있으면 물러나야"

뉴스덧글 | **최신순** | 인기순

소소쓰
ㅁㅊ개무섭네
십상시때문에 웬 난리냐?? 방금전

★십상시OUT★
십상시 없어야 나라가 산다
더러운 환관들도 죽이자 2분 전

이런 썩을…!

*이이제이以夷制夷 : 오랑캐를 부려 오랑캐를 잡는다.

하진의 죽음

*〈정사〉동태후, 마음의 병으로 죽다.
 〈연의〉동태후, 하진의 부하에게 살해당하다.

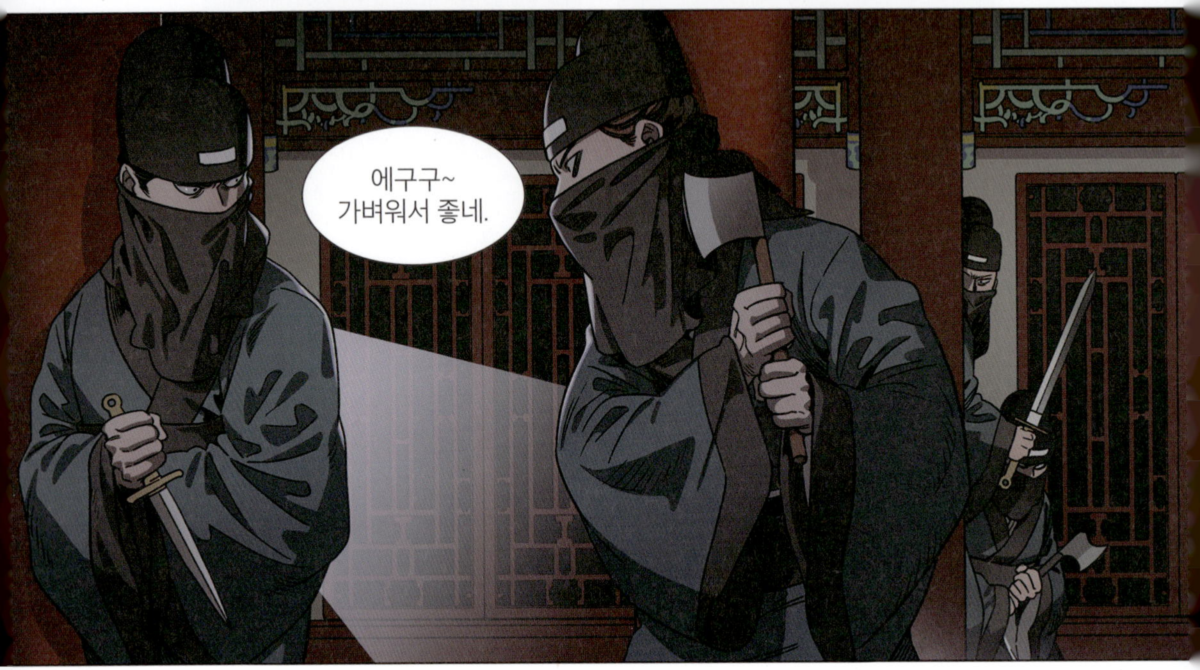
에구구~ 가벼워서 좋네.

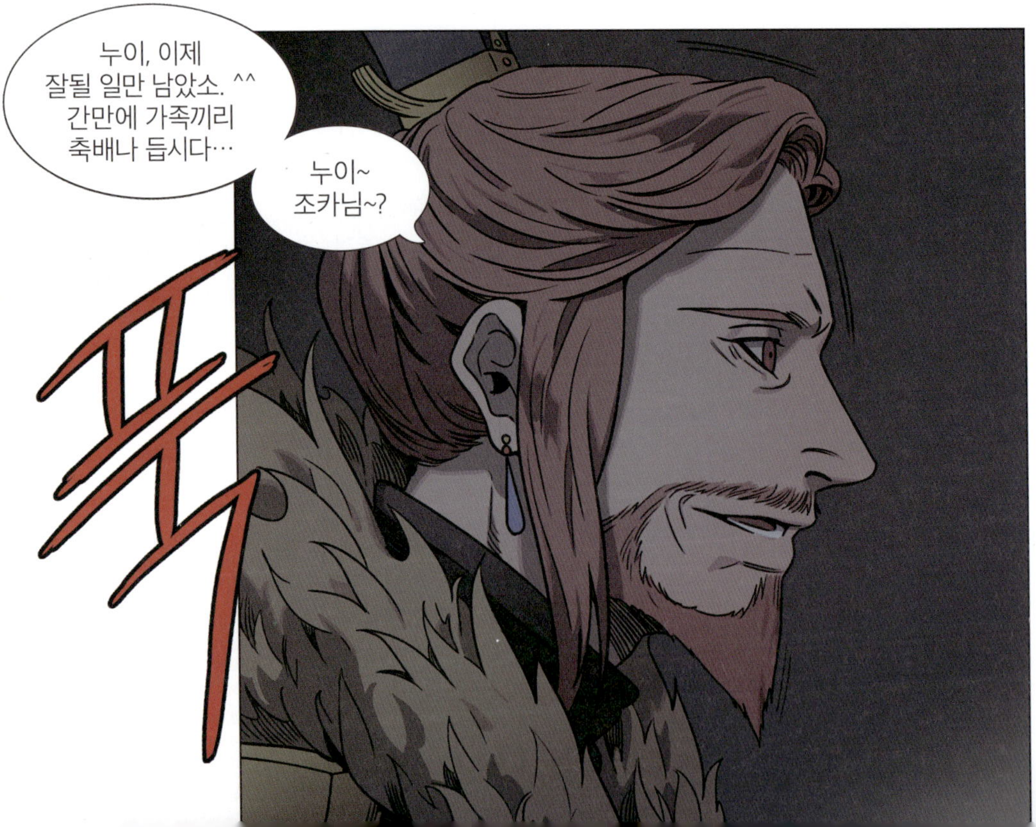
누이, 이제 잘될 일만 남았소. ^^ 간만에 가족끼리 축배나 듭시다…
누이~ 조카님~?

十三.　　　　　　　　　　　　　　　　　　　왕자의 난

엥.
십샹시들이네??
어리석고 멍청한 백성들 보아라!
아 극혐. 쟤네 뭐해.
황궁에 역적이 들어!
태후마마와 황제폐하를 죽이고 옥좌를 뺏으려 했다!
허나 걱정 마라!
충성스런 우리 십상시가 놈을 처단했으니!
부패한 환관
십상시 장양
헐 미친.
헉!

죄인 하진의 따까리 부하들은 봐준다!

놈의 모가지를 잘라 오면!

3대가 놀고먹을 큰 상을 내리리라!

그러나 오른팔, 중군교위(?) 원소는 역적으로 선포하니!

크하하하

청쇄문

이… 종놈 X끼야!

퍽!

대명문가
원씨 저택

네놈의 목도 잘라버릴 테다!

고… 공로 도련님!!! 차라리 제 목을!!!!

그만!

본초야.

창밖이 대낮처럼 밝구나.

흠칫!

삼국지톡

十四.   광기와 분노

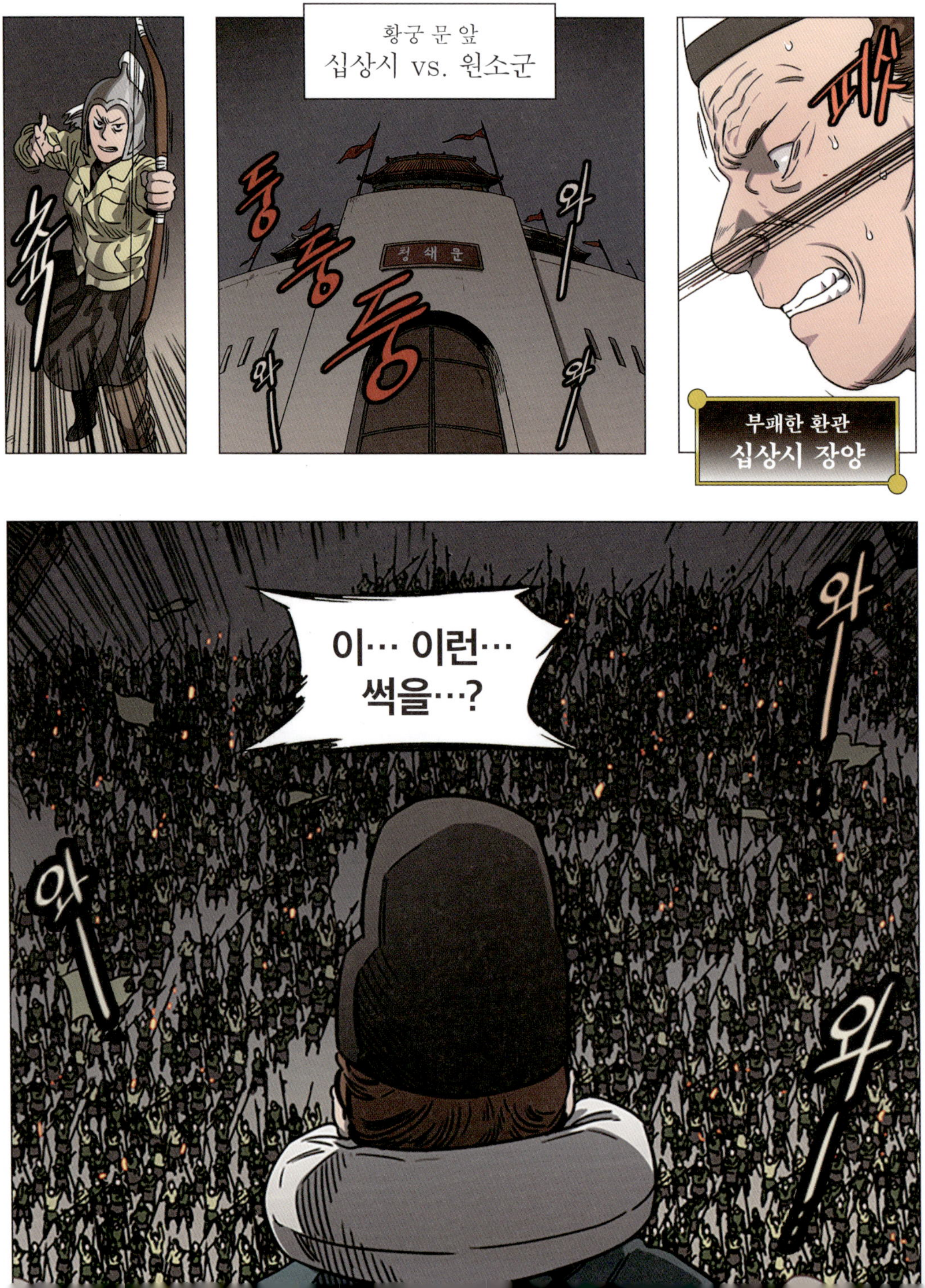

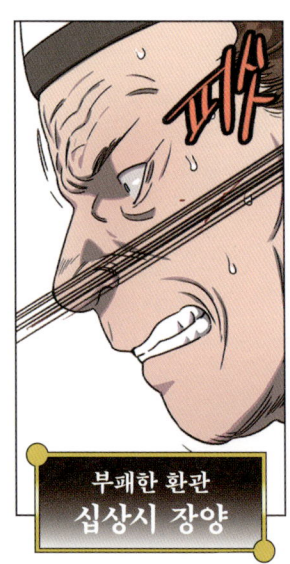

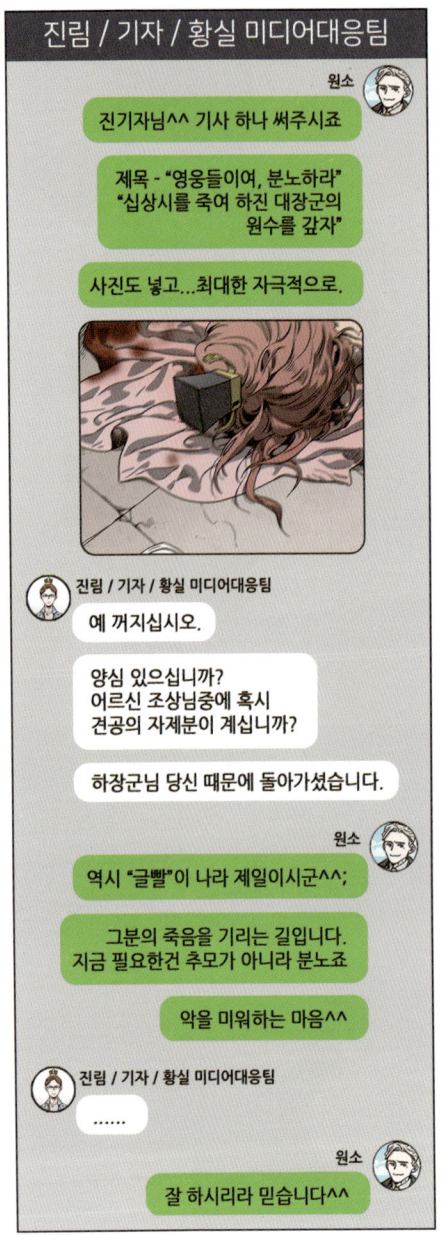

*진림 자字 공장 : 본디 하진 휘하에 있던 문사. 글솜씨가 일품. 3대 조상까지 모욕하는 패드립으로 유명.
"군벌 동탁을 불러 십상시를 압박하자"는 원소에게 반대했다.

*원술, 황궁 문과 전각에 불을 지르다.

조조ㅋ / 전군교위

원소

아만ㅎ 이 꼴을 봤으면 너도 박장대소를 했을 텐데!

아만ㅎ
황궁앞. 곧 전투시작

정말 안 올건지?

...Okay. 강녕하길, 친구^^

아쉽군.
정말 아쉬워, 친구ㅎ

……

…춘추좌전에 이르길.
"송, 위, 진나라에
큰불이 일어나니"

"장차 큰
변이 생겨"

"백성이
사방으로 흩어지고…
나라가 망할 징조라
하였다."

*〈정사〉 조조, 하진과 원소 의견에 반대해 잠수 타다.

十五.   충신, 조조

*십상시의 난 : 부패 환관 십상시가 대장군 하진을 죽이고 태후, 황제, 황자를 인질로 잡은 사건.

*황자 유협 : 진류왕. 현황제 유변의 배다른 동생.

하태후 남편
前황제 유굉

외로움도 많이 타고~
갖고 놀기 딱 좋아!

황제는 하늘이다.
하늘은 고독한 법!

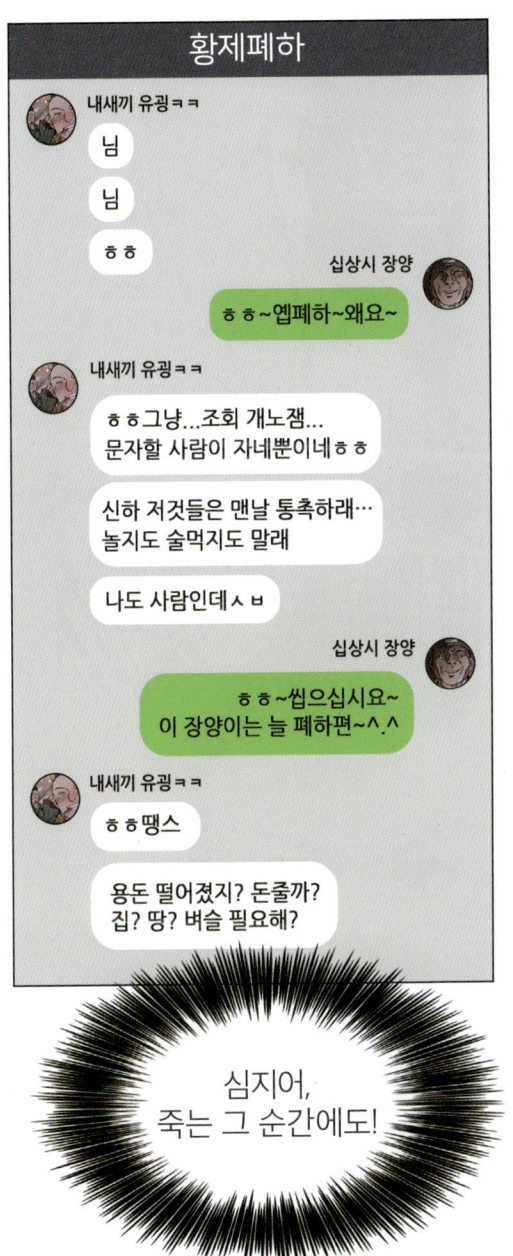

심지어, 죽는 그 순간에도!

*前황제 유굉, 십상시 장양을 아버지, 조충을 어머니라 부르며 따르다.

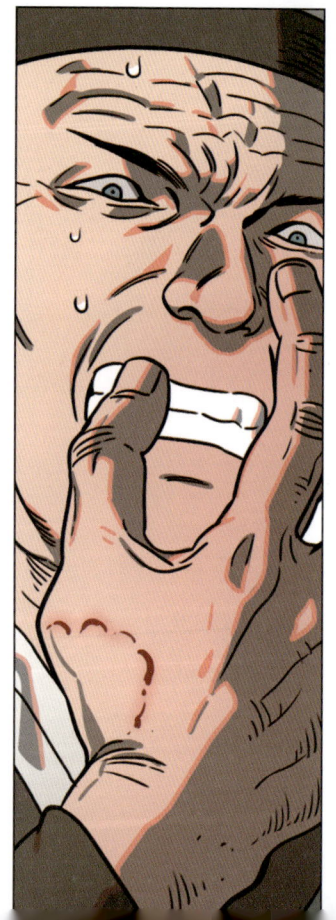

나라를 망치고!
태후마마와
황제폐하를
가둬놓고!

천벌이
두렵지
않으냐?

저, 저애가…

우리 나라는
좋은 나라다!

훌륭한 신하들도
많이 있다!

곧 이리로 충신이 와서
너희를 다 죽일 거다.

*의천검倚天劍 : 조조가 가졌다는 명검. '하늘에 의지하다'는 뜻.

*국상 : 황제, 왕 등 중요 인물이 죽음.

이런, 하지만 퀸과 킹을 구하려면 방해꾼인 환관들부터 쳐야 할 텐데?

내가 도와줄까, 친구ㅎ?

닥쳐.

…앞장서! 당장 북궁으로 간다. ♪

…이미 늦었다. 네 계획대로, 십상시와 환관들을 향한 증오는 이제 막을 수 없는 광기가 되고 말았어!

*조조는 "무고한 환관들까지 죽이자"는 원소의 계획에 반대했다.

끄아아아악…

?!

전군! 역적 환관들을 척살하라!

그래 아만ㅎ 그게 최선이야.

삼국지톡

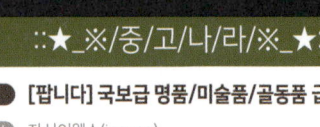

뭐든 베는 검이라?

네 말마따나 쓸데없는 어린애 장난감이다!

한 자루의 칼이나 한 명의 영웅으로는

이 미친 세상을 바꿀 수 없느니라!

지금, 황궁 북궁

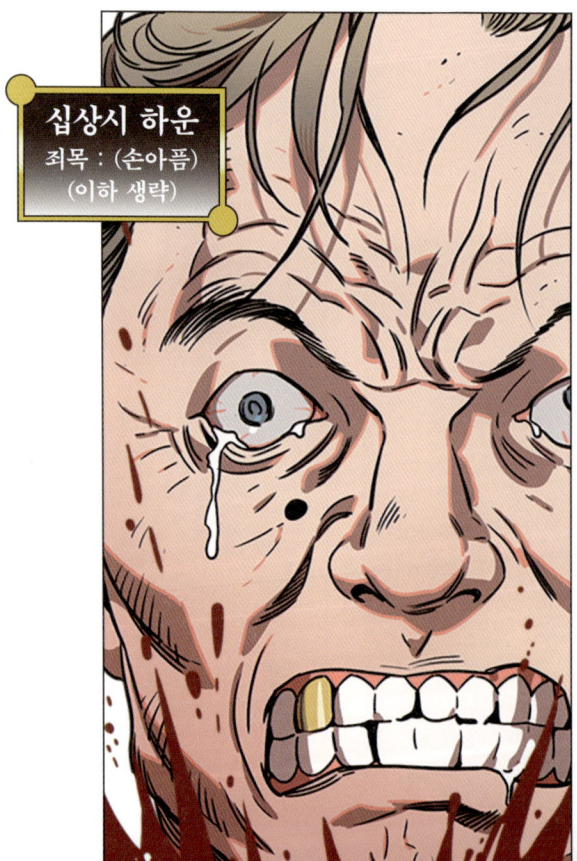

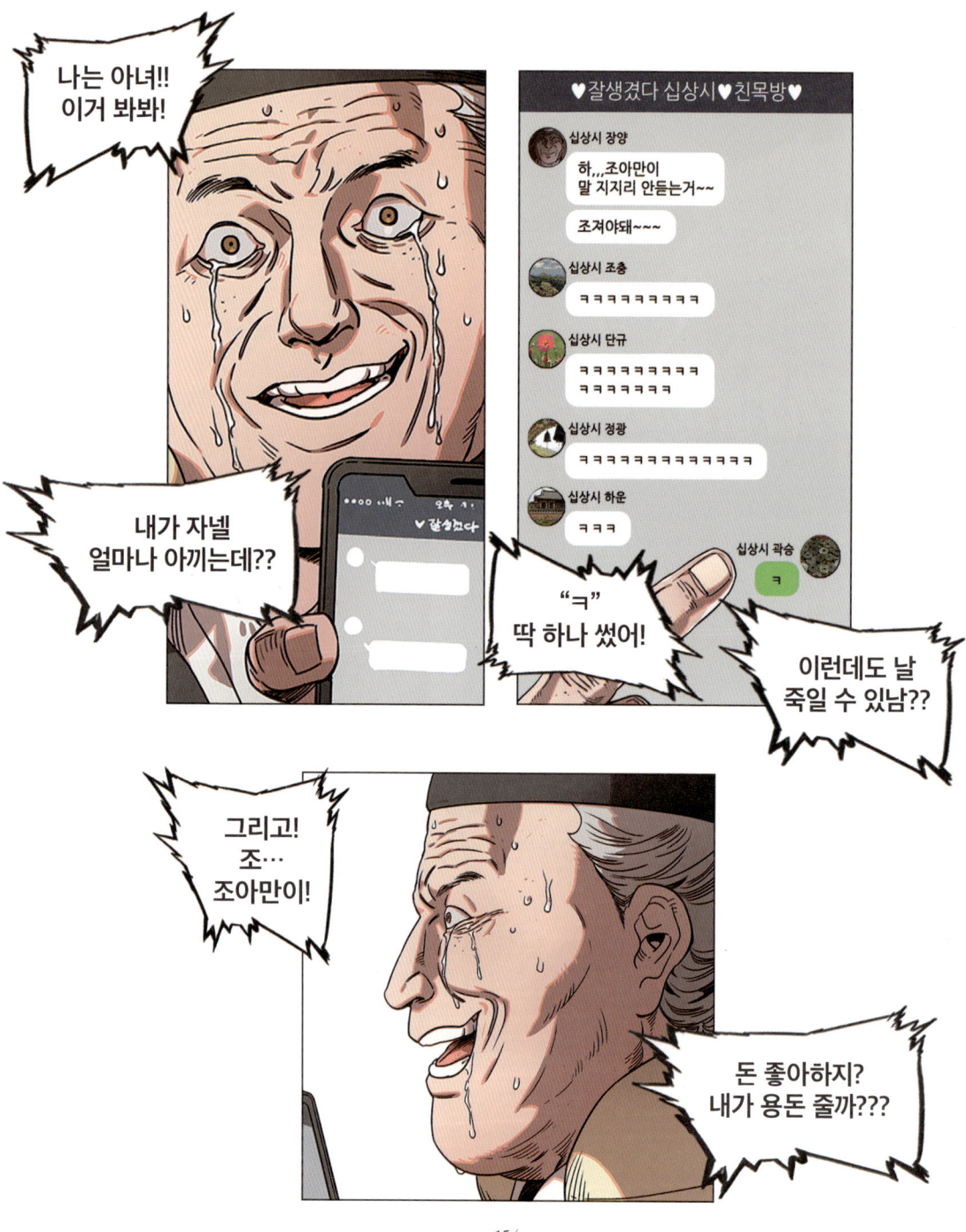

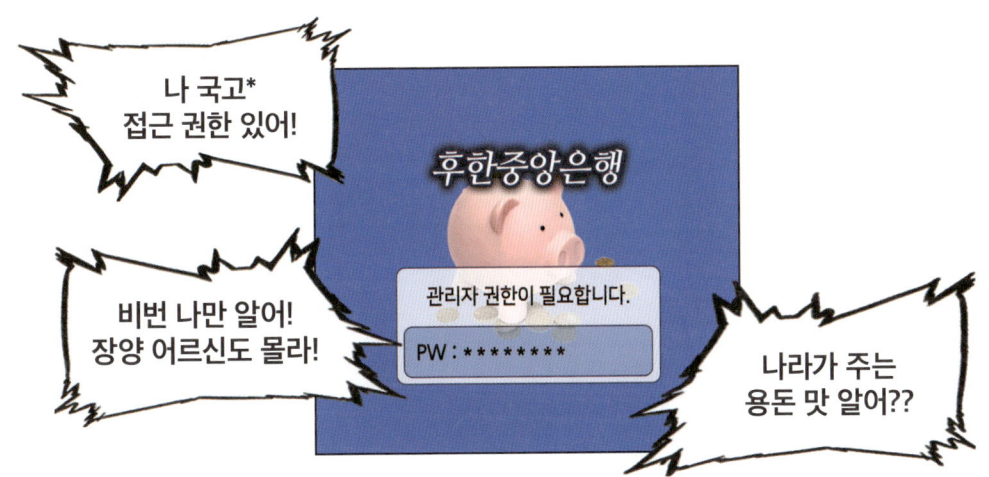

十七.   비겁한 탈출

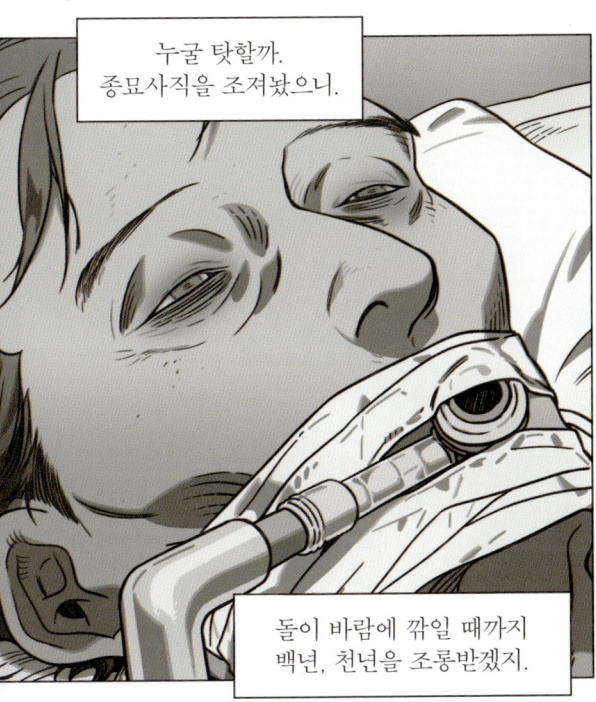
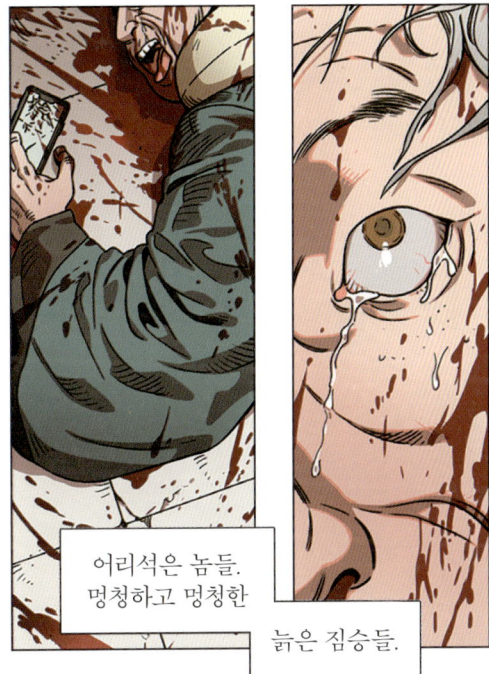

*시호 : 황제, 왕이 죽은 뒤 붙는 칭호. 무제, 문제 등. '영제靈帝'는 폭군이라는 뜻.
**조조가 혼세를 한탄하며 쓴 시
　　왕조 스무해 내내 / 벼슬한 이들 실로 형편없구나 / 원숭이가 모자 쓰고 띠를 매고선 / 우둔한 주제에 큰일을 꾀했도다

*〈연의〉 수십 년간 국정농단한 십상시, 원소와 조조에게 궤멸당하다.

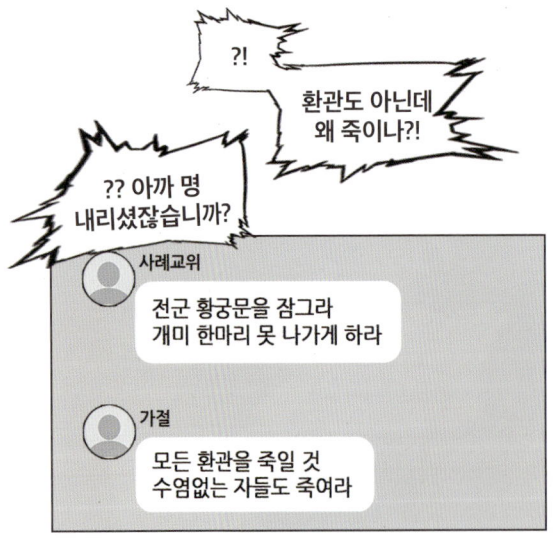

*사례교위 : 관료들을 감시하고 죄를 내릴 권한을 가짐. 현재의 검사와 같음.
**가절 : 전시에 죄인에게 벌을 내리는 권한을 가짐. 현재의 판사, 사형집행인과 같음.
***사례교위, 가절 모두 벼슬 자체가 아주 귀하진 않으나 기소권과 판결권을 동시에 쥔 셈으로, 누구든 죄인으로 만들어 처벌할 수 있다.

*동탁, 하진 명령받고 낙양으로 진군했으나 하진이 십상시에게 살해당해 낙동강 오리알 되다.

十八.   빠져나갈 구멍

*제갈근 : 제갈량의 형.

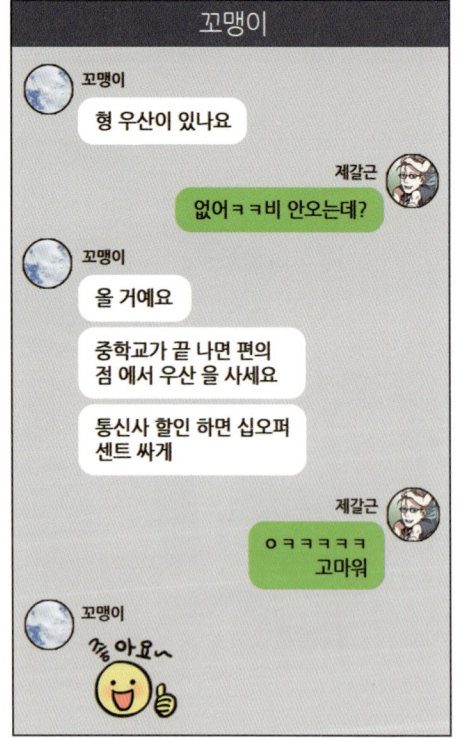

*꼬맹이 : 제갈량.

황자전하한테 아무 일 없었음 좋겠네.

걱정 마세요. 어른들이 금방 구해줄 거…

황궁, 북궁

으아아악!

끄악!

아아악!!

와―

와―

*학자 노식, 궁에 난리가 나자 무장을 하고 달려오다. 태후를 납치하던 장양을 추포하다.

협이 담임스승

담임스승
태후마마...
황송한데요

협황자께서 또
반에서 1등을 하셨어요

동태후
...

담임스승
댁에서 혼좀 내주시죠..ㅜㅜ

조심하셔야죠...
황제폐하 동생께서 이렇게 잘나시면...

미운털 제대로 박혀요...ㅜㅜ

동태후
...

담임스승
심지어 친동생도 아니셔서..하...

무슨 말인지 아시죠?

동태후
그래. 압니다.

황제가 되지 못한. 황자는
납작. 엎드려야 하는 법

내 손주를. 크게 꾸중할것.

담임스승
네... 가정에서 술담배도
많이 권해주세요...ㅜㅜ

그래야 황자께서 사십니다ㅜㅜ

°황제 유편과 황자 유협은 배다른 형제로 유편은 황후 하태후의 아이, 유협은 후궁 왕미인의 아이다.

*동탁은 황건적에게 지은 죄로 벼슬을 빼앗겼다가 십상시에게 뇌물을 주고 되찾았다.

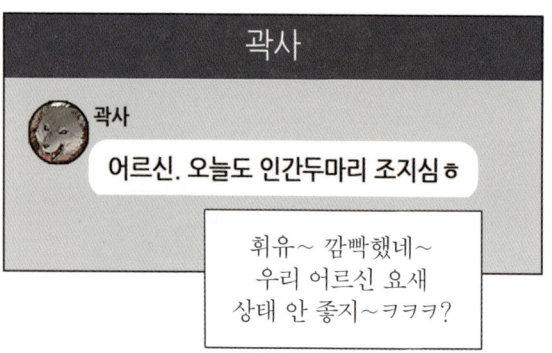

*출세욕 강한 동탁. 대장군 하진의 밀명을 받고 낙양에 왔으나 하진이 살해당하는 바람에 닭 쫓던 개 되다.

*천자 : 황제.

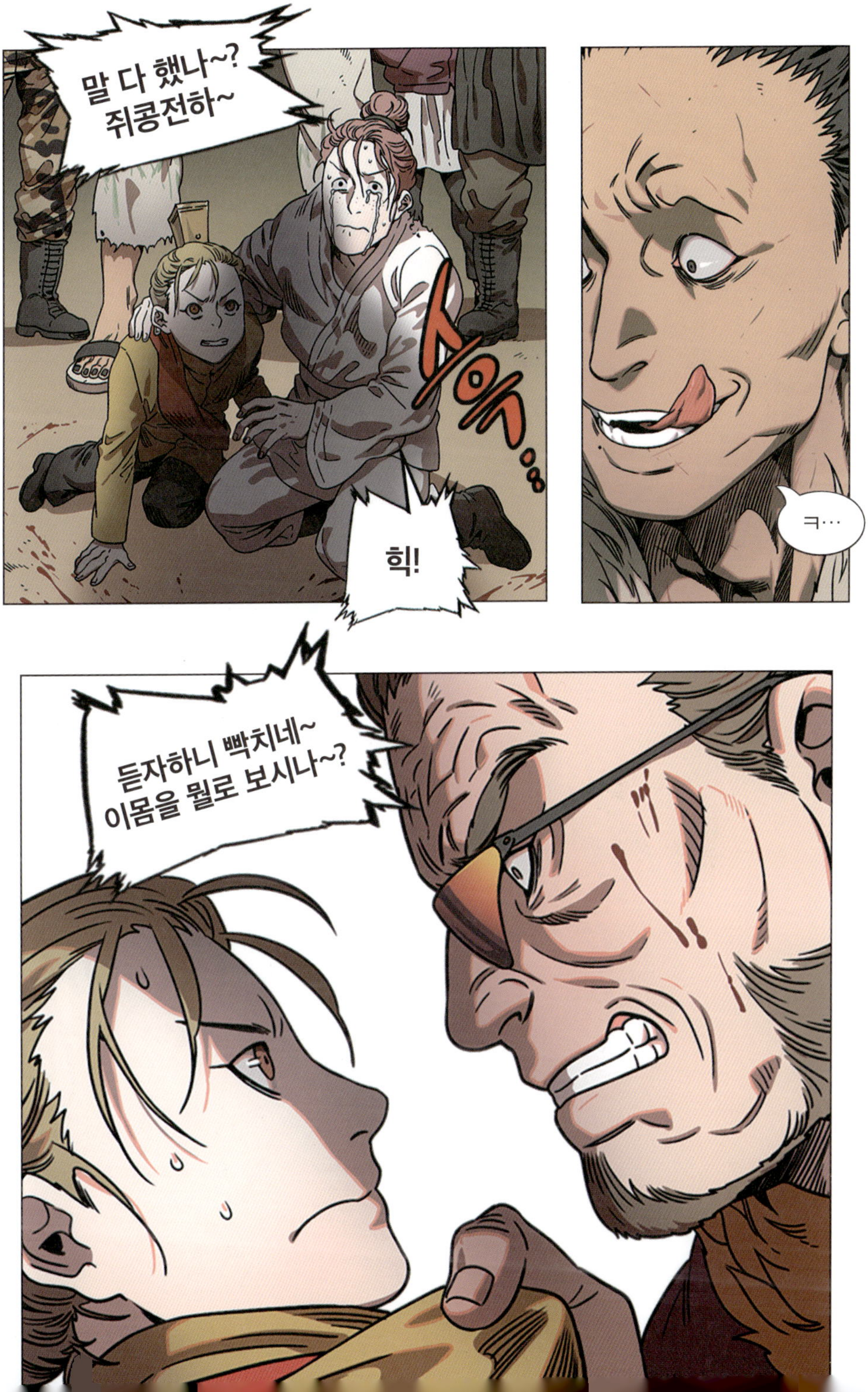

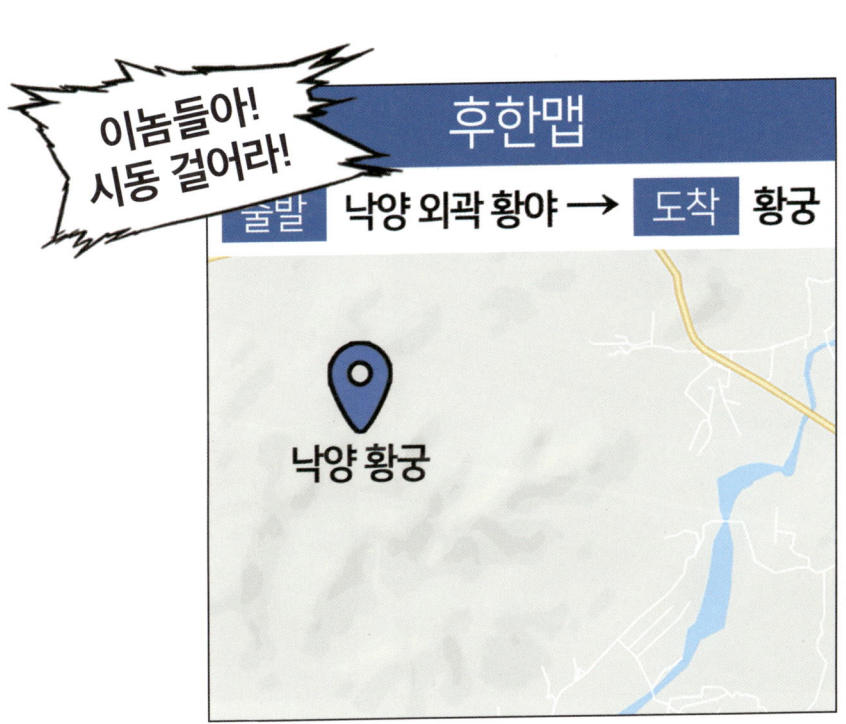

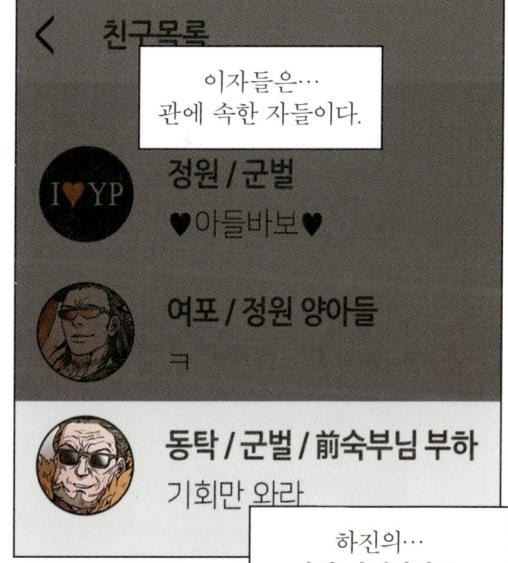

삼국지톡

二十二.

동탁의 사냥 방식

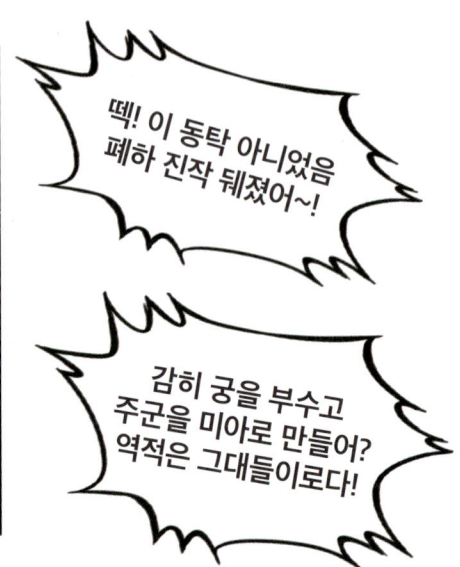

*동탁군, 군사 숫자 조작하다. 병졸들을 몇 번이고 몰래 낙양 밖으로 내보냈다가 정문으로 돌아오게 해, 마치 대군이 끊임없이 도착하는 양 속이다.

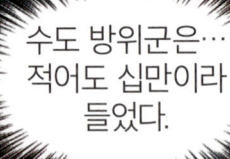

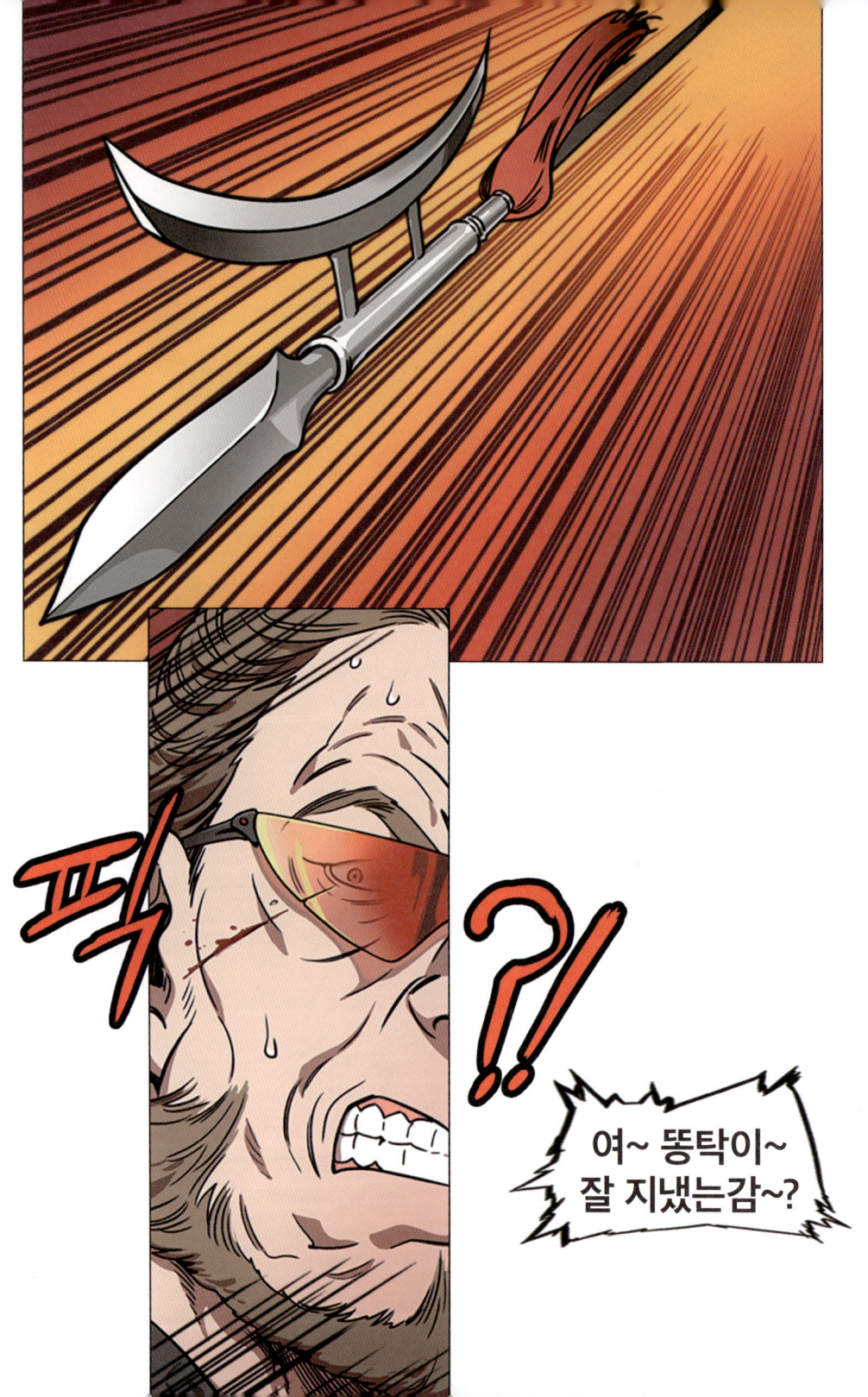

二十三.

인중여포 마중적토

* 「삼국지톡」 장료의 나이는 스무살. 169~171년(18~20세) 생이라는 설이 있음.
** '십상시의 난'은 8월 말 늦여름에 일어난 사건이다.

야~ 똥탁아! 감히 황제폐하를 인질로 잡어?!

임금은 어버이요, 신하는 아이라 했그든~?!

내 아들 봉선아~! 저 효도 충도 모르는 후레자식 모가지 당장 따 오너라!

……

흥! 허세는!

여포 놈, 요란하게 창 던져선 고작 스크래치?

짜식, 별 볼 일 없구만…

헉

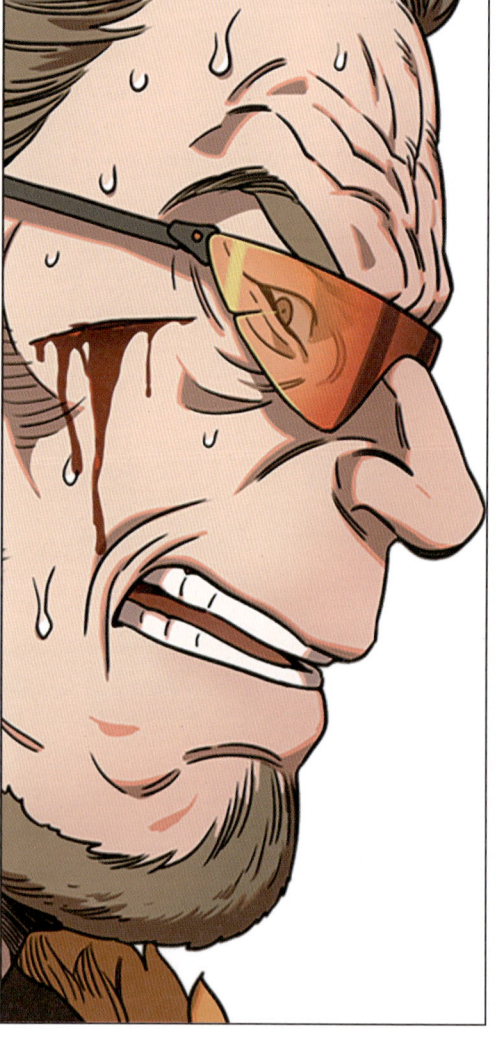

*여포의 무기. 방천화극方天畵戟에는 '월아'라는 둥근 칼날이 달려 있다.

잠깐!!!!!
타임!!!!!

어... 어르신들!
작은 오해가
있었는데ㅋㅋ

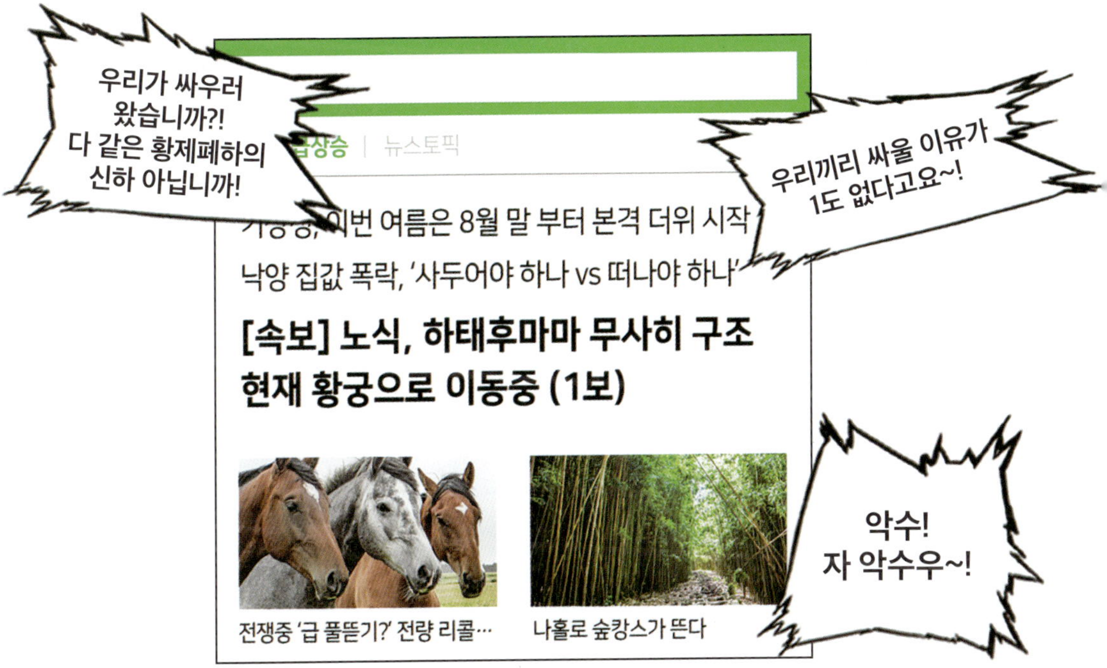

우리가 싸우러
왔습니까?!
다 같은 황제폐하의
신하 아닙니까!

우리끼리 싸울 이유가
1도 없다고요~!

악수!
자 악수우~!

뉴스토픽

이번 여름은 8월 말 부터 본격 더위 시작
낙양 집값 폭락, '사두어야 하나 vs 떠나야 하나'

[속보] 노식, 하태후마마 무사히 구조
현재 황궁으로 이동중 (1보)

전쟁중 '급 풀뜯기? 전량 리콜...   나홀로 숲캉스가 뜬다

인중여포 마중적토

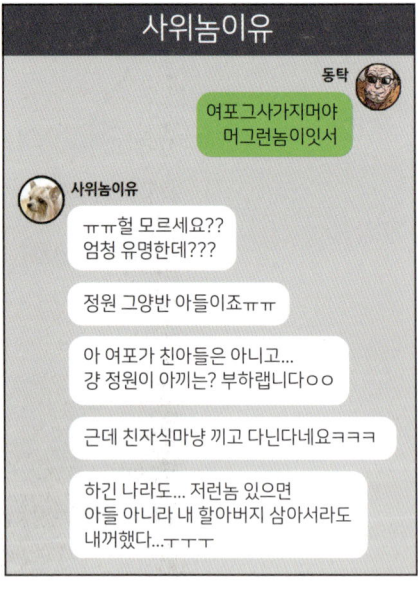

*이유, 여포가 무예를 뽐내자 이야기를 돌려 동탁을 구해내다.

사위놈이유, 호분중랑장 이숙

 호분중랑장 이숙
헐???? 대박???
여기서 봉쓰이를 보다니????

 사위놈이유
봉쓰이?

 호분중랑장 이숙
여포요ㅇㅇ
저 재랑 고향친군데ㅋㅋㅋㅋㅋㅋ???

 사위놈이유
헐ㅁㅊ??????

 호분중랑장 이숙
ㅇㅇ 쟤 초1때 고등학교 일진들 쥐패서
초코우유셔틀 시킨건 전설...

실수로 바나나우유 사온놈
그해 수능 못쳤죠.. 척추 아작나서..

저도 몇 번 얻어먹음ㅋㅋㅋㅋ

 사위놈이유
와 역시 난놈이네...ㄷㄷㄷ

동탁
고놈참탐나네
우리편으로글어들일수는
업는것인가

 사위놈이유
ㅠㅠㅠ.. 여포요?
흠..... 안올꺼같은데요......

정원 그 꼰대가...
은근 부하들한테 인기가 많아요...

[국방데일리] 병주자사 정원
"부하요? 제 아이들이죠"
전장에서도 매일 책읽어...
"좌우명은 충, 효, 의리"

사위놈이유, 호분중랑장 이숙

 사위놈이유
ㅜㅜ.... 원래 영웅일수록..
자기 아껴주는 주군 따르죠...

여포가 의리가 있지...
정원을 버릴 리가....ㅜㅜㅜ

 호분중랑장 이숙
ㅋㅋㅋㅋㅋㅋㅋㅋㅋㅋㅋㅋ
ㅋㅋㅋㅋㅋㅋㅋㅋㅋㅋㅋㅋ
ㅋㅋㅋㅋㅋㅋㅋㅋㅋㅋㅋㅋ

ㅈㅅ아ㅋㅋㅋㅋㅋㅋㅋㅋ
와 물마시다 코로 뿜었네

동탁
?

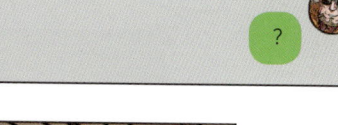
호분중랑장 이숙
걔 "의리"가 무슨 뜻인지나
아나??ㅋㅋㅋㅋㅋㅋㅋ

그 꼴통 노인네. 나랑 더럽게 안 맞아.

아빠2호기

여포
아버지 나차뽑을 듯

색깔뭐살까 빨 검빨

정원
사랑하는 아들~우리 군인이야~

쓰는 돈 다~백성들이 낸 세금이다~^.^ 아껴써야 충신이지요~?

자전거를 타는것은 어떠할지~^.^?

부려먹기나 하지 대우해주지도 않고…

근데스브. 갈아탈 주군이 있어야 환승하든 말든 하지.

이 여포 알아줄 놈 세상에 없나?!

*여포는 어려서 어버이를 잃었다고.

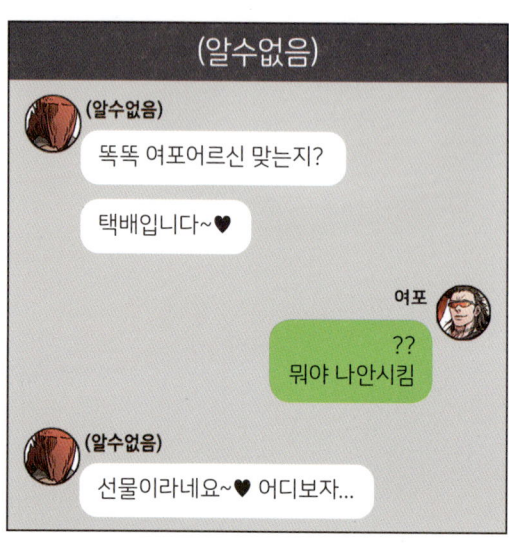

二十四. 여포와 적토마

이 말은 하루에 천리를 달리며 물을 건너고 산 오르기를 평평한 땅 달리듯 하도다.

심장이 열두 개 달린 듯(V12)

힘차게 네 발로 지축을 박차도다.

잡털 한 올 없이 새빨간 몸통이

마치 달아오른 숯덩이 같으니

쿠르릉 쿠르릉

이 천하에 한 필뿐인 명마를 '적토마'라 한다.

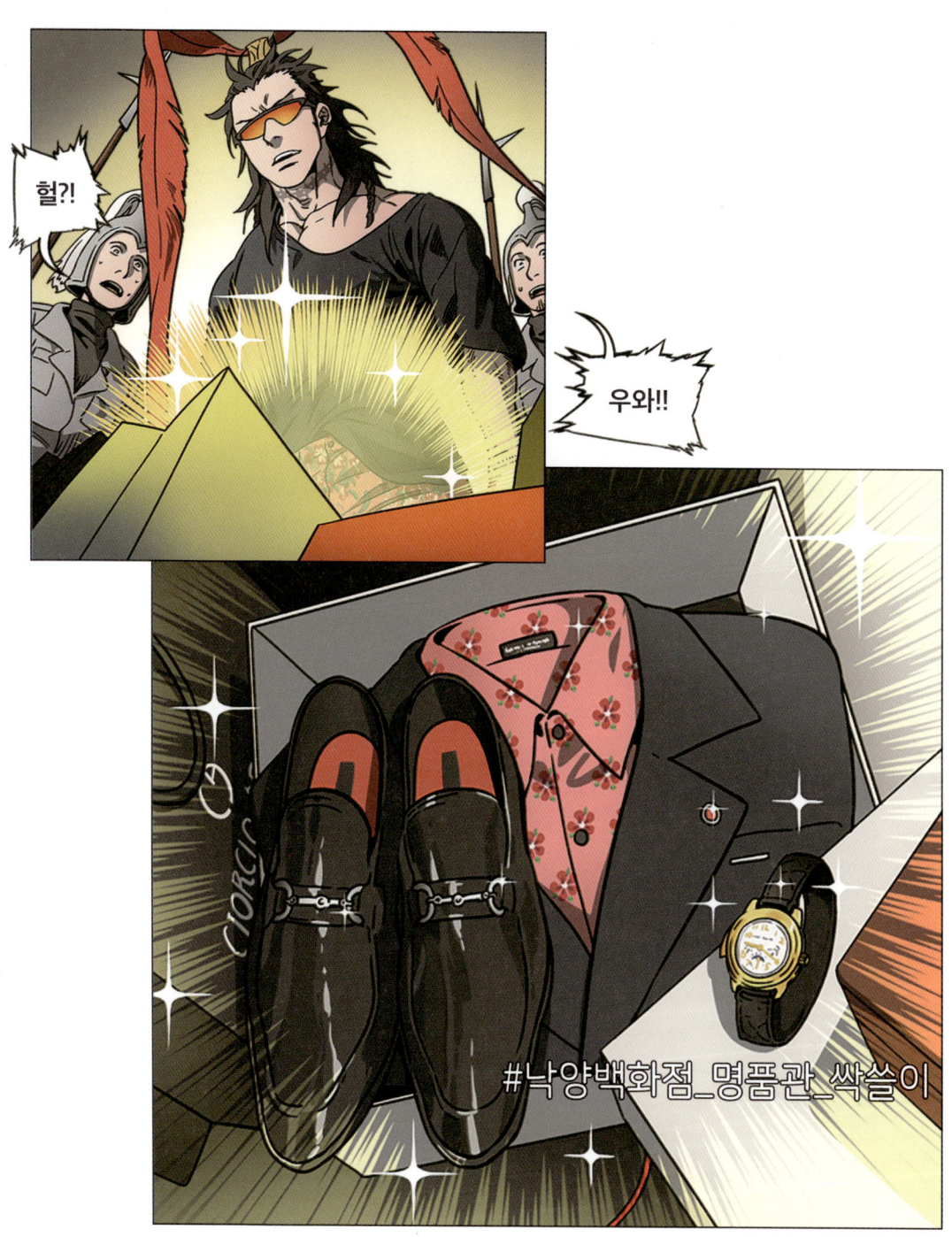

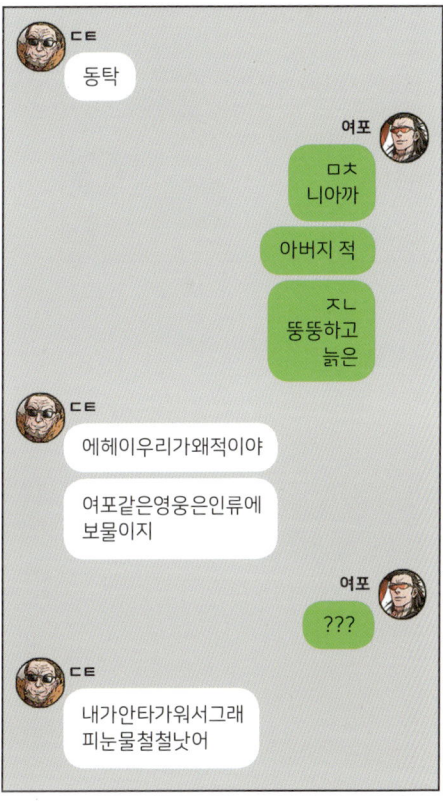

현재, 정원군 진영

1년 365일, 채워질 줄 모르는 굶주림뿐!

아… 아들아!! 어찌하여…

여포 양아버지
정원 字 건양

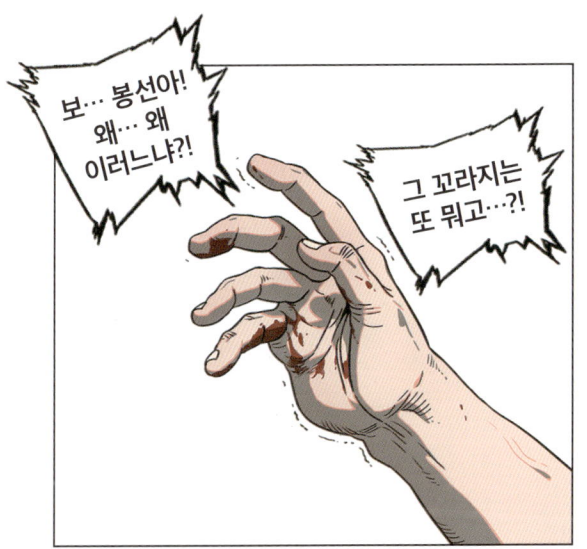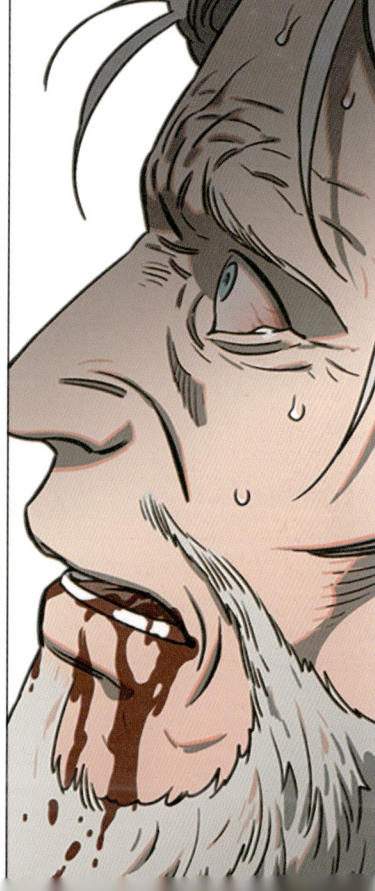

*병주군 : 병주자사 정원이 이끄는 군사들. 험한 변방을 지키느라 무예가 뛰어나고 난폭했다고.
**〈연의〉 정원이 이끌던 병주군, 의리 없는 여포에게 질려 우르르 떠나버리다.

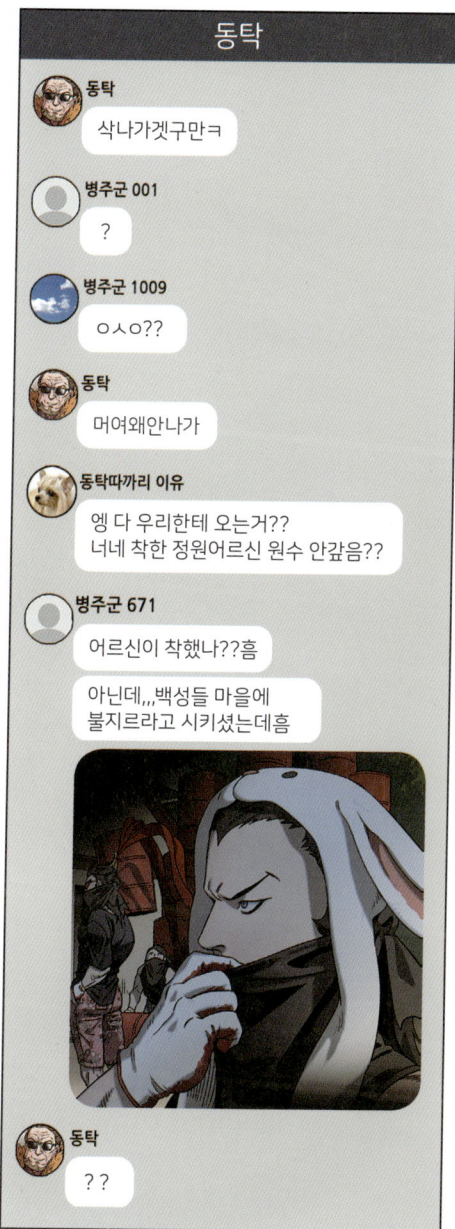

*〈정사〉 그딴 거 없고, 병주군은 동탁이 이끄는 서량군에 가세해 동탁, 순식간에 낙양에서 제일가는 힘을 손에 쥐다.
**11화 「불타는 마을」 참조. 대장군 하진과 원소, 공포 분위기를 조성해 여론을 장악하고자 항구마을 맹진에 불을 지르다. 흑산적으로 위장해 명을 받은 것이 정원과 병주군들이다.

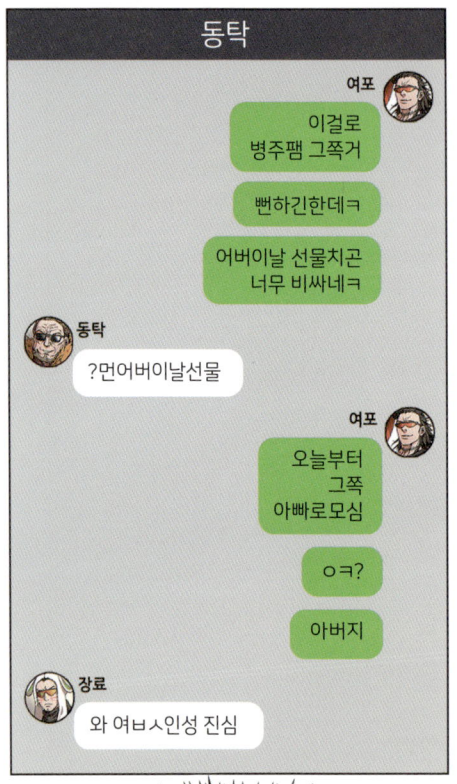

*뻔하긴한데ㅋ : 동탁은 황실로부터 병주의 군권을 다스리는 병주목 벼슬을 받은 바 있다. 그러나 군대 두고 낙양으로 오라는 황명을 거역했다.

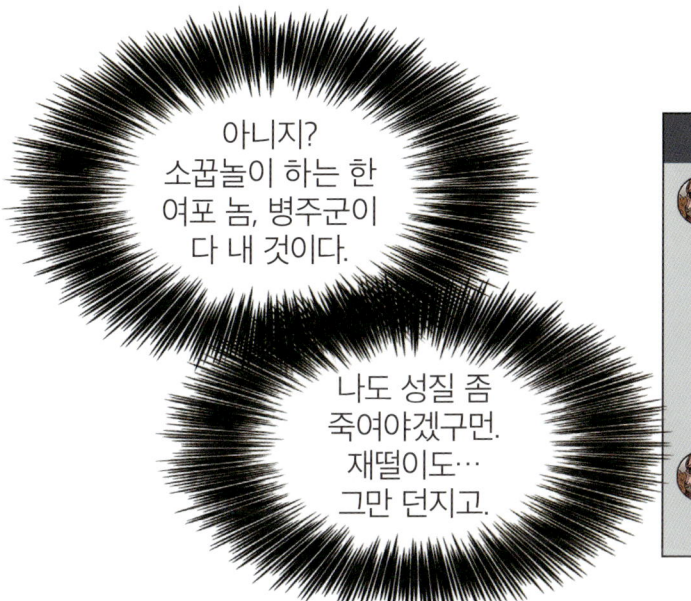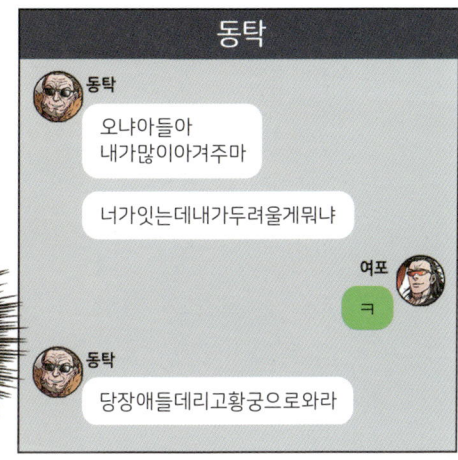

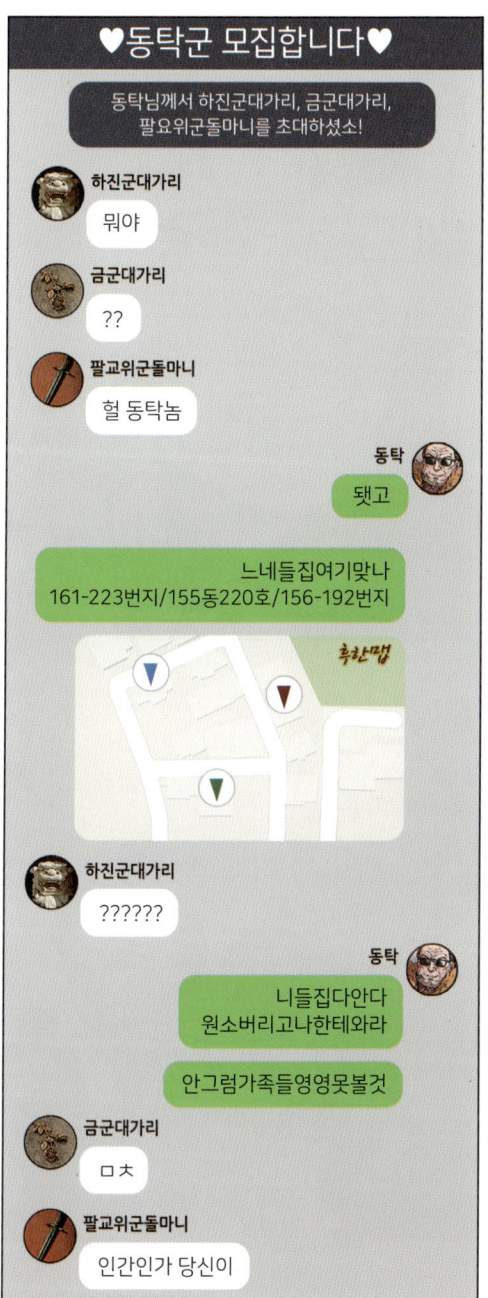

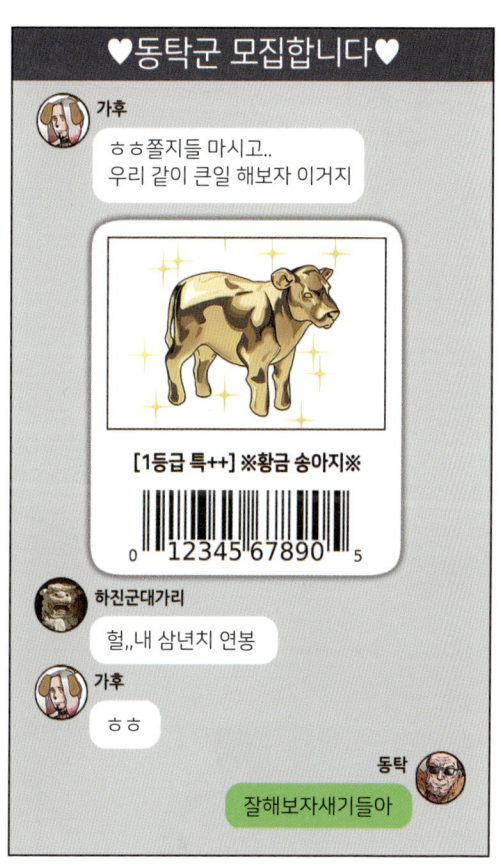

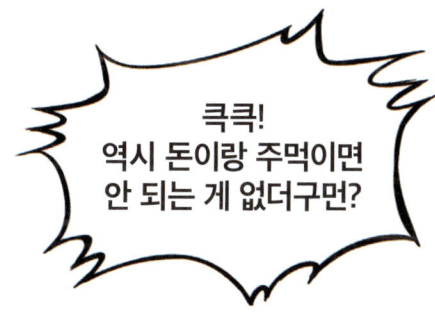

*가후 : 동탁의 사위이자 우보의 책사. 자후는 문화.
**동탁, 하진과 원소 따르던 군사들을 자기편으로 끌어들이다.

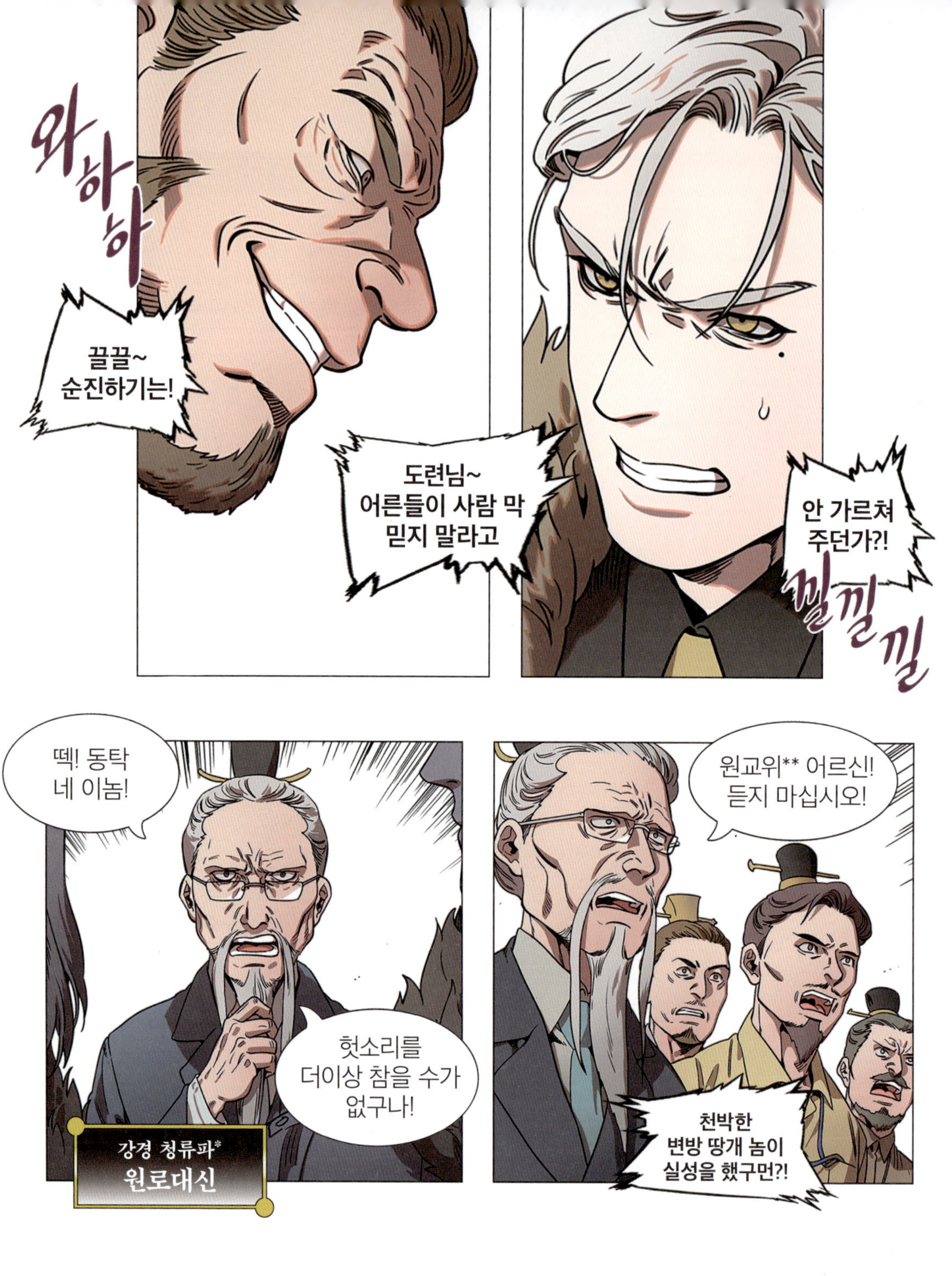

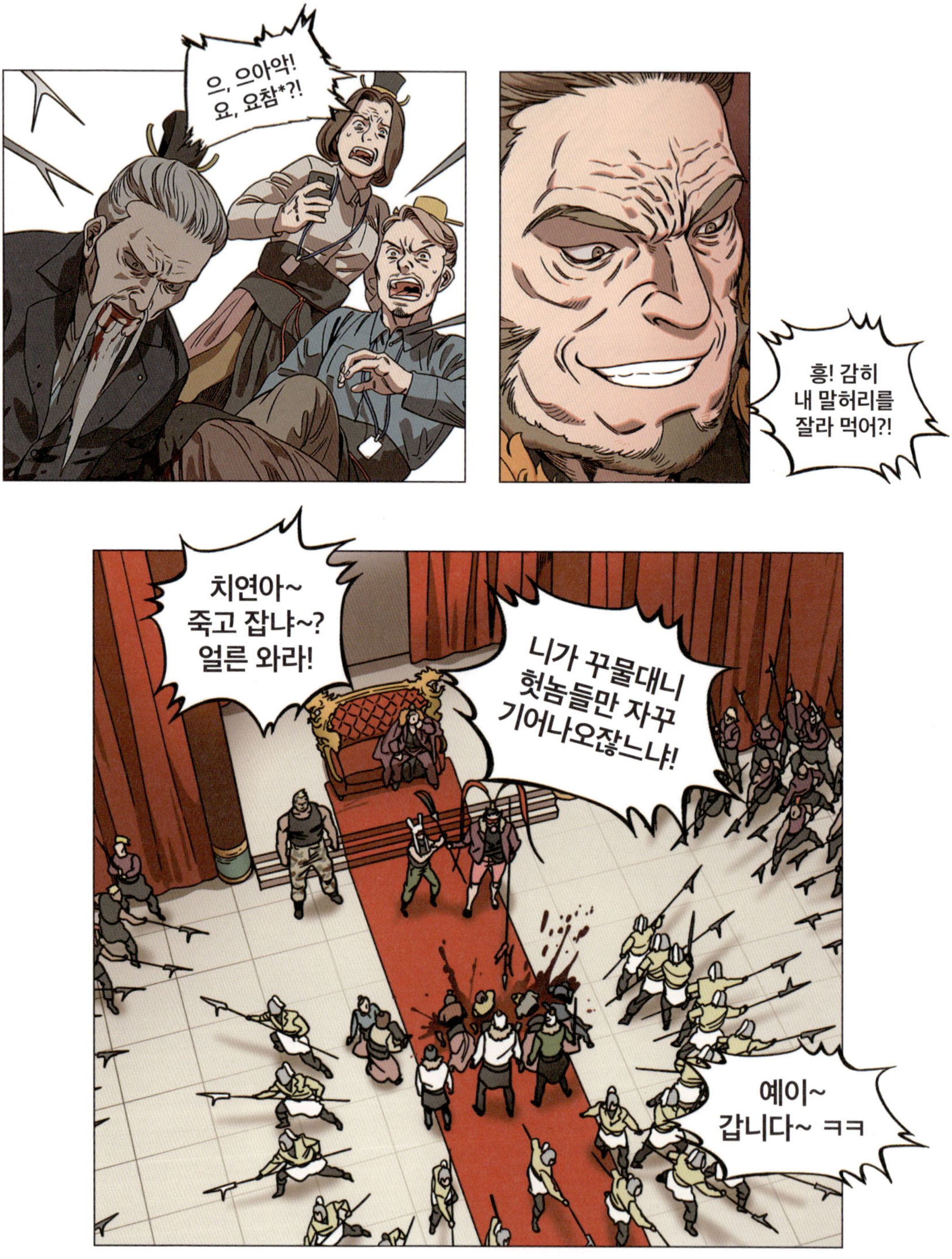

*요참 : 허리를 베어 죽이는 잔혹한 형벌. 동탁, 반기 드는 문신들을 처참하게 죽여 본보기를 보이다.

*동탁, 멋대로 황자 유협을 황제로 세우겠다 선언하다. 스스로 삼공 태위직에 올라 권력을 틀어쥐고자 하다.

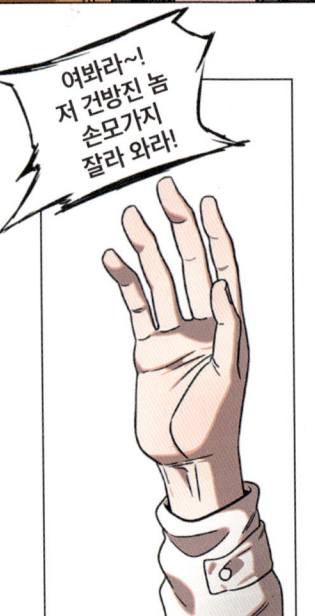

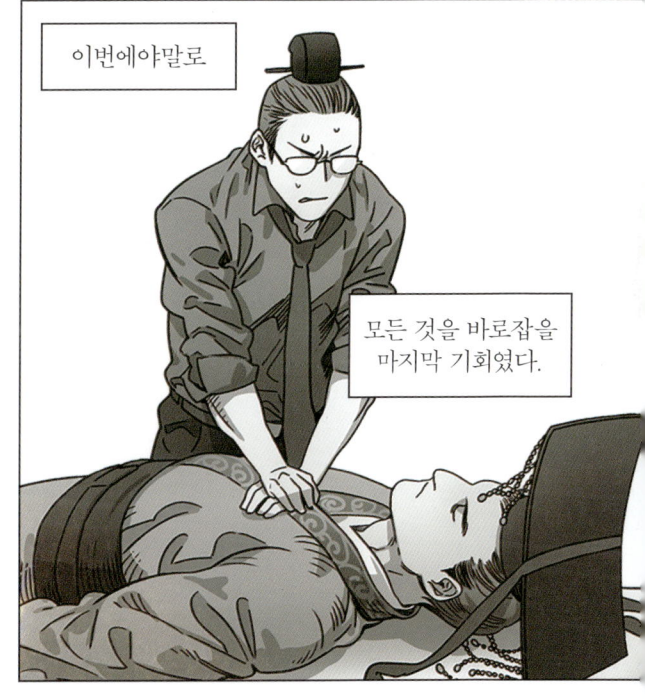

*혼란한 와중에 황제의 도장 전국옥새 도둑맞다.

내가 평생 피똥 싼 걸

옆에서 뻔히 본 주제에

원본초, 일을 이 지경 만들어?!

동탁 어르신!

이 나라를

바로잡고 싶다 했나?

*동탁, 조조를 귀히 여기며 효기교위 벼슬 내리다. 조조에게 나랏일을 상담하고자 하다.

*원소, 대명문가 출신이나 친어머니가 노비였다.
**동탁의 근거지 서량은 중앙으로부터 착취, 지역 차별을 심하게 당하던 지역이다.
***원소, 법적 어버이의 묘를 밥 굶고 종일 통곡하며 6년간 지키다. 큰 명예 얻어 당대 지식인들의 지지를 받다.

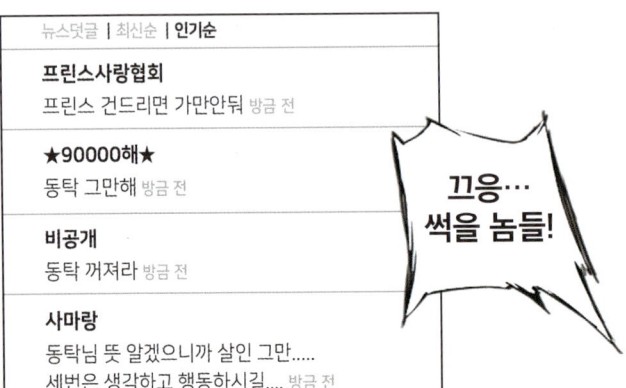

*동탁, 원소를 풀어주다. 대신 원술에게 후장군 벼슬을 내려 대명문가 원씨 집안을 제 영향력 아래 붙들어두다.

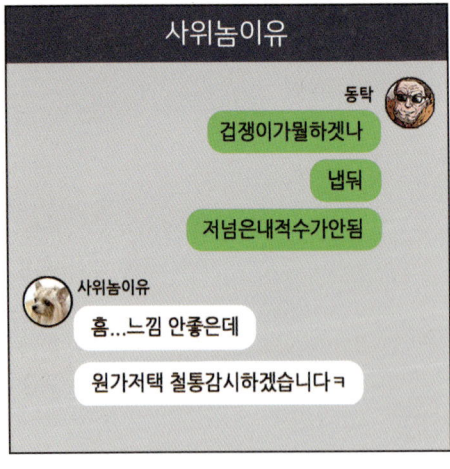

*원소, 동탁에게 반기 들고 황궁 떠나며 벼슬 상징인 부월을 황궁 문에 걸고 나가다.

하지만 세상에 강한 자가 동탁 그대만은 아니지!

조조ㅋ / 전군교위

원소
아만ㅎ
네가 나의 친구든...적이든
부디 살아남도록
곧 우린 다시 만날테니.

천하의 영웅들을 모으겠어.

화려한 복수극을 보여주지!

꼬꼬마들! 지금 잠이 오나?!

조국이 위험한데!!
미친 동탁놈!

손책! 주유! 손권! 중대 발표다!

이 아빠는… 동탁놈 목 따러 가겠다!

제4권, 「반동탁연합」으로 이어집니다

삼국지톡 3
ⓒ무적핑크, 이리 / YLAB

1판 1쇄	2021년 8월 25일
1판 3쇄	2025년 11월 11일
글	무적핑크
그림	이리
기획·제작	YLAB
책임편집	이보은
편집	김지애 김지아 김해인 조시은
디자인	이현정
마케팅	정민호 서지화 한민아 이민경 왕지경 정유진 정경주 김혜원 김예진 이서진
브랜딩	함유지 박민재 이송이 박다솔 조다현 김하연 이준희
제작	강신은 김동욱 이순호
펴낸곳	㈜문학동네
펴낸이	김소영
출판등록	1993년 10월 22일 제2003-000045호
주소	10881 경기도 파주시 회동길 210
전자우편	comics@munhak.com
대표전화	031-955-8888 | 팩스 031-955-8855
인스타그램	@mundongcomics
카페	cafe.naver.com/mundongcomics
트위터	@mundongcomics
페이스북	facebook.com/mundongcomics
북클럽문학동네	bookclubmunhak.com
ISBN	978-89-546-8079-0 04910
	978-89-546-7111-8 (세트)

- 이 책의 판권은 지은이와 ㈜문학동네에 있습니다.
- 이 책 내용의 전부 또는 일부를 재사용하려면 반드시 양측의 서면 동의를 받아야 합니다.
- 잘못된 책은 구입하신 서점에서 교환해드립니다. 기타 교환 문의 031-955-2661 | 031-955-3580

www.munhak.com